图书在版编目（CIP）数据

演讲之道：生命在演讲中……Ⅲ.①演讲—语言艺

平措……版本馆CIP数据核字（2023）第213289号

演讲之道：生命在演讲中绽放

YANJIANG ZHI DAO：SHENGMING ZAI YANJIANG ZHONG ZHANFANG

曾　经　主编

曾国平　撰文

策划编辑：敬　京

责任编辑：黄菊香　　封面书法：曾国平
书籍插画：马　恺　　版式设计：马　恺
责任校对：谢　芳　　责任印制：赵　晟

*

重庆大学出版社出版发行

出版人：陈晓阳

社址：重庆市沙坪坝区大学城西路21号

邮编：401331

电话：（023）88617190　88617185（中小学）

传真：（023）88617186　88617166

网址：http://www.cqup.com.cn

邮箱：fxk@cqup.com.cn（营销中心）

全国新华书店经销

重庆升光电力印务有限公司印刷

*

开本：890mm×1240mm　1/32　印张：5.75　字数：115千

2024年2月第1版　　2024年2月第1次印刷

ISBN 978-7-5689-3965-2　定价：56.00元

前　言

快意人生演讲缘

引以为豪的是，曾经与曾教授合作编著出版了 4 本书，曾经为曾教授主编出版了 5 本书，曾经听过曾教授几十次演讲，这也是一种缘分，我自己觉得，我应该是曾教授的知音了，我有些"懂"曾教授了。

我发现，曾教授只要一站上讲台，就到了"物我两忘"的境界：忘记了这场演讲有无报酬、有多少报酬；忘记了他自己有病的身体和演讲的劳累；忘记了他的年纪越来越大；一旦到了讲台，他仿佛变了个人似的。他的一次次倾情演讲打动了我，也感动了万千听众。

1993 年，曾教授就写作出版过一本关于演讲方面的书籍——《教学演讲的方法与技巧》，这本书还获得了四川省某个教学相关的奖项。

今天，为曾教授主编这本《演讲之道》的书，幸甚！

多次通读曾教授这本《演讲之道》的书稿，我觉得这是曾教授在用无声的语言对我、对广大读者深情地讲述昨天的故事，在对我们进行倾情演讲，真是此时无声胜有声！

细读曾教授这本新书稿，知道了曾教授在演讲的道路上是"从何而来，向何而去，去干什么，去怎样干，去干得如何"。

几十年来，曾教授执着而悠然地走在演讲大道上，与演讲为友，与演讲为伴，与演讲结下了不解之缘。

品读曾教授的这部作品，懂得了曾教授为何对演讲如此喜爱、热爱、痴迷、陶醉。虽不能说曾教授是"生而为演讲"，但是，演讲的确改变了曾教授，改变了他的容颜，改变了他的状态，改变了他的心态，改变了他的人生，改变了他的命运，他的生命在演讲中绽放、辉煌。

本书的上篇是曾教授的演讲成长经历，主要讲述的是他几十年来在演讲道路上是怎么坚持走过来、走到现在，还要走向未来，而且还走得风生水起的。

在上篇，曾教授自己提出了一个有趣的问题："我的演讲，有曾氏先辈的遗传基因吗？"曾教授找啊找啊，他找到了吗？

"钢铁是怎样炼成的"，曾教授的演讲又是怎样历练而成的？在本书的上篇，曾教授自述了许多关于演讲的往事、轶事、故事、趣事，有的甚至可以算是曾教授的"隐私"，从而让我们看到曾教授怎样一步一步地走到演讲的今天，这就是"演讲之道"！

本书的下篇，是曾教授关于演讲的一些体会和心得，"演讲之道理"。用曾教授的话讲，不是演讲艺术，应该是演讲的经验之谈、体会之谈，以期对自己的演讲作一些总结，也可以对从事演讲的人有一些启迪和帮助。

曾教授毕竟在中央电视台《百家讲坛》栏目作过两次演讲：2003年6月6日的"创新思维与创造力的发挥"；2005年9月13日至9月16日的"智商与情商"。

曾教授毕竟上过中央电视台经济频道（二频道）的《今晚》栏目，主持人高博对他进行了两次时长分别为20分钟左右的专访。

曾教授毕竟曾经接受过电视、报社和网络媒体等上百次专访。

曾教授毕竟有100多个演讲专题，在全国（包括香港）为军人、党政干部、企业家、医务人员、高净值财富人士、教师、学校领导、学生、普通员工等作过数千场线下线上的演讲，大多数人喜欢听，获得过好评。

曾教授毕竟公开出版过11部演讲光盘、光碟。

曾教授毕竟公开正式发表过近千万字作品，包括学术类和文化文学类，还在网络上发表了数百万字作品。

曾教授毕竟获得过"全国首届百名两课优秀教师"的光荣称号。

曾教授毕竟获得过"重庆市首届十佳读书人"的光荣称号。

特别值得一提的是，曾教授从以前"不喜欢"当老师讲课，到后来热爱教学与演讲，并在教学与演讲方面取得了可喜的成绩，难能可贵！

这就不难想象曾教授为什么如此热爱并醉心于演讲，他真是"一天不演讲，茶饭也不香；两天不演讲，心里空荡荡；三天不演讲，不算教书匠"；不难想象曾教授为什么认为自己就是"为演讲而生的"。

我曾问过曾教授："当有一天，您讲不动了，没有听众了，'这里会场空荡荡，这里教室静悄悄'，那时，您将对此作出什么贡献？"

曾教授这样回答道："我讲给我的夫人听；我讲给自己听！"

我被感动了，泪目了，我在心里暗暗地向曾教授敬了一个礼！

感谢曾教授奉献给广大听众的关于演讲的精神食粮！

感谢曾教授奉献给广大读者这本关于演讲经验之谈的书籍！

感谢重庆大学出版社的领导和编辑们为本书的顺利出版提供的支持和帮助！

曾　经

2024 年 1 月于重庆大学城

目　录

在我所作的几千场次演讲中，第一场真正意义上的演讲是哪一场？印象最深的演讲有几场？为什么它们在我的演讲记忆中那么深刻，留下了不可磨灭的印象？

不经意到中央电视台《百家讲坛》作过两次演讲，这是很幸运的一件事。我怎么走上《百家讲坛》去演讲的呢？是偶然，还是必然？难道冥冥之中有定数？

下篇　经验乎　艺术乎

我为什么选择走演讲之路？我为什么这么执着地在演讲的路上走下去，并且取得了一些成绩？最根本的就是一个字：爱！我爱演讲，爱我的听众，爱演讲这个职业，更把演讲当作事业来爱，我爱我的演讲事业！

演讲之道

第七章 "两条主线"作演讲 /88

演讲，无论什么主题，无论什么样的听众，无论在什么地方进行，无论进行多长时间，有两条主线必须一以贯之，那就是"讲什么""怎样讲"。围绕这两条主线演讲，就符合逻辑、规律，就是演讲的"道"。

第八章 演讲过程"三阶段" /106

演讲，可以一气呵成，可以中间休息，但是，所有的演讲一般都分为三个相对独立又相互衔接的阶段：演讲前、演讲中和演讲后。把每一个阶段应该做的事做好了，演讲肯定会成功的。

第九章 "四字真经"献演讲 /126

演讲是有"真经"的，"真正的经验""经验之谈"。几十年的演讲，几千场次的演讲，在演讲的实践中，我总结出了四个字的经验：实、新、精、活，曾经以此获得过四川省优秀教学成果一等奖。

第十章 "十大经验"呈演讲 /146

一位忠实的演讲听众，听了我近 20 场演讲，为我总结了演讲的十大风格特色，并进行了鼓励。我则把他说的这 10 个方面作为形成自己演讲风格特色的目标方向，向它努力迈进，在演讲的道路上坚持走下去，走得更好！

上篇　演讲路　人生路

漫漫人生路，我无意中就走到演讲的道路上来了，这是缘分！

这条演讲之路，到2024年为止，我已经走了43年。回头看，幸运、幸福、幸甚！

现在，我还在继续演讲，我喜欢演讲，我热爱演讲！我甚至经常问自己："除了演讲，我还会做什么？我还有什么其他能力与本事吗？"

品味人生，最大的痛苦莫过于选择；品味人生，最大的快乐也莫过于选择。演讲这条路，是机缘巧合，还是定数安排？无论是主动选择，还是被动选择，我选对了！

演讲之路，我会继续走下去。此生不悔，来世不怨。如果真有来世，我还要做一名演讲者，再走演讲路。

第一章　演讲真有遗传吗

2003 年 6 月 6 日，我第一次到中央电视台《百家讲坛》演讲，题目是"创新思维与创造力的发挥"，当时《百家讲坛》并不火，而且我只讲了一讲，时长 38 分钟，影响不大。

2005 年 9 月 13—16 日，我第二次到中央电视台《百家讲坛》作演讲，题目是"智商与情商"，讲了三讲四次："智商之花为谁开""掀起情商盖头来""智商情商手拉手"（上下集两次），这一次稍微有了一些影响。

有的听众曾经写信问过我："曾教授，您能到中央电视台《百家讲坛》演讲两次，您的演讲有您祖辈的遗传基因吗？"

对于这个问题，我以前还真没有考虑过！

到现在为止，我已经作过数千场演讲，获得了一些好评，那么我的演讲真有祖辈的遗传基因起作用吗？

中国历史上确实有一些会说话、会演讲的人，比如，北宋宰相王安石的儿子王雱，自幼聪慧，才高志远，他自小就很会说话，这有没有王安石的遗传基因呢？

王雱少小时，有位客人把一獐一鹿放在笼子中，问他："何者是鹿？何者是獐？"

王雱并不认识，看了一会儿说："獐边者是鹿，鹿边者是獐。"客人听后十分赞叹。

历史上还有一些会说话、会演讲的人，如晏子、墨翟、苏秦、蔺相如、毛遂、诸葛亮、纪晓岚等，那真是："一人之辨，重于九鼎之宝；三寸之舌，强于百万之师。"

但是，真正算得上演讲的，最有名的还是诸葛亮舌战群儒。那是《三国演义》第四十三回所描写的。

没有人研究历史上这些演讲大师们之所以这么会演讲，有无遗传基因的作用？应该没有。

仔细想了又想，中国历史上这些会说话、会演讲的人他们都不姓曾，与我也没有半点遗传基因的关系，他们这么会演讲，也不可能传到我这里来。

中国历史上有几位姓曾的名人，学问做得最好的应该是宗圣曾参，文学最有成就的应该是曾巩，做人最好的应该是曾国藩。但是，也没有听说他们会演讲呀！

就说这曾子曾参吧，孔子曾经说过："参也鲁。"孔子说曾参的"鲁"，不是说曾参鲁莽、鲁顿、鲁拙，而是说曾参比较忠厚老实，不是能说会道之人。由此可见，曾参应该不是一个演讲家。

孔子有弟子三千，贤人七十二，但是，他最喜欢、最得意的有十多个学生，其中，他第一喜欢的得意门生应该是颜回，后人称为"复圣"。颜回聪慧过人，13岁拜师孔子，对孔子忠心耿耿，也很会说话，很会"来事"，他逝世得早，没有留下著述。孔子特别欣赏颜回那甘于清贫而努力读书、学习的精神，欣赏颜回的忠诚，欣赏颜回"不贰过"的态度。

真正传承并将孔子儒家学说发扬光大的第一人、传承最好、最有建树的人当数曾参。他组织一些门人按照孔子的若干讲话内容，编写了《论语》；按照孔子的思想和若干讲话，又组织人编写了《孝经》和《大学》。这几本书千古传扬。曾参在组织编写这几本书的过程中，肯定对这几本书的"写作班子成员"作过不少讲话、"演讲"，但是，他当时都讲了些什么，他是怎样讲的，无从考证。

就算是颜回和曾参很会演讲，但他们与我也没有什么演讲遗传的关系呀！而且历史的时间跨度太大太长了，也遗传不到我这里来呀！

北宋散文家、史学家、政治家曾巩的演讲又如何呢？曾巩从小天资聪慧，记忆力非常强，幼时读诗书，脱口能吟诵，曾与兄长曾晔一道，勤学苦读，自幼表现出良好的天赋。曾巩12岁时，曾尝试写作《六论》，提笔立成，文辞很有气魄，到了20岁，其名声已传播到四方。嘉祐二年（1057年），曾巩与其弟曾牟、曾布及堂弟曾阜一同登进士，曾巩第一。

但是，史料中没有记载曾巩的演讲才能；就算他学识才能超群，当然也更不可能将演讲的天赋遗传到我的身上。

曾国藩是我们曾氏宗亲的骄傲，但也没有听说他会演讲呀！

在当代，有一个姓曾的人很会演讲，曾经被誉为"华人三大演讲家"之一，他的演讲很有特色，很有演讲大家的风范，也是我特别喜欢的一位演讲家，谁呢？曾仕强！几年前作古了，惜哉！痛哉！哀哉！

曾仕强曾经两次上中央电视台《百家讲坛》作演讲，一次是讲《易经》，另一次是讲"胡雪岩"。

曾仕强作的"中国式管理"和"中国式领导"的演讲，引人入胜。他的演讲，内容丰富，国学功底深厚，幽默风趣，穿插一些小故事，把深奥的道理通过浅显而富有哲理的故事和通俗易懂的语言讲出来，更能让人接受，使人印象深刻，很受教育。而且，曾仕强的演讲台风很好，一说一笑，儒雅之风溢于言表，教态十分优雅。

但是，我又仔细想了想，曾仕强虽然比我年长 20 多岁，但与我却是同时代的人，我的演讲，不可能有曾仕强的遗传基因！

众里寻他千百度，蓦然回首，那人却在灯火阑珊处！

还是回到本原吧！

我的祖辈、父亲对我的演讲有没有遗传方面的影响呢？

父亲祖祖辈辈都是贫苦农民，我的祖辈上数若干代，应该没有什么文化人，没有什么人读过多少书，绝没有出现过演讲家。

我的父亲，地地道道的农民出身，没有念过书，斗大的字认不到一箩筐。

当我的祖父祖母逝世后，父亲的七八个姊妹就如"树倒猢狲散"，作"鸟兽散状"。

20 世纪 30 年代后期，父亲到了重庆朝天门码头当上了真正意义上的"山城棒棒军"。偶然的机会，父亲流浪到江浙一带，参加了新四军，后来属于华东野战军第六师四十七团六连，再后来当上了连长。我在想，当连长的父亲肯定要经常对新四军战士讲话，那不就是"演讲"吗？

父亲曾经身负三处枪炮伤，被日本鬼子打掉了一个小手指头，一颗子弹从小腿对穿而过，最严重的是在江苏丰县的那场战斗，他的左肩被炮弹炸伤，差点牺牲。再后来，父亲成了二等革命伤残军人，新中国成立后很长时间都没有参加工作，由政府提供日常生活补助。

但是，在我少小的时候，我就发现父亲平日里"话话多"，母亲常说他是"话包子"。在我们居住的乡镇街上，经常有一群人围着他，听他绘声绘色地讲新四军的战斗故事。父亲不仅会讲故事，还会讲一些笑话，经常逗得那些听他"演讲"的人笑得前仰后翻，乐不可支。他在当地十里八乡知名度很高，老人小孩都知道街上有个"曾连长"。他有这样的高知名度，与他会讲战斗故事应该有很大关系。

记得有一次，我读小学二年级时，学校校长邀请我的父亲到我就读的小学为学生和老师们讲战斗故事。为小学生"演讲"是一件很难的事，小学生是很难坐得住的，而且注意力集中不了多长时间。但我父亲的"演讲"却很成功，他讲的战斗故事，一是真实，正能量；二是带着感情讲；三是绘声绘色，生动形象；四是故事多多，引人入胜；五是他爱用一些象声词，比如，讲到打枪和打炮的时候，他会模仿打枪和打炮的声音，而且父亲"演讲"时，也爱说一些笑话，逗得小学生们哈哈大笑，老师和学生们都很喜欢听。

也许，父亲的这些讲话和"演讲"特点，算是给我的"遗传基因"吧，真的就传了一些到我的身上来，传到了我的演讲中。

对于演讲的遗传基因方面，我没有研究，也无法通过专业人士进行专门测试。但是我认为，在我生长的家里，在我成长的乡镇街上，我所见到的、所听到的父亲当众"摆龙门阵"、讲故事、对老师和学生所作的战斗报告，其实这些也是在"演讲"，它们潜移默化地影响了我，对我日后的演讲是大有裨益的。

遗传是一种先天的影响，但是，父亲对我更多的是后天的影响。一个人的很多行为，包括讲话和演讲，大多数还是后天受到的影响更多、更大、更久远、更深刻。

还有我的二姐，对我演讲虽不能说有"遗传性的影响"，但却是在后天对我演讲影响特别大的。

二姐比我大四岁。她从小就爱读书学习，学习成绩一直很好，也一直担任学生干部。

我对二姐印象很深的有几件事：

一是她从小就爱读书。我们生活在一个乡镇上，那里的书很少，家里也没有买书的闲钱和习惯，于是，她就到处借书来读。二姐每每上厕所蹲的时间比较长，因为大多数时间在厕所里都拿着书在读。

二是她烧火煮饭时，一边往灶膛里添柴草，一边拿书专心地读。有时读书过于专心，把饭都煮糊了。

三是二姐不仅爱读书，还有一个好习惯，读到优美的词语和段落时，她会不断地重复读，甚至背下来，还会用一个小本子记下来，不断地积累优美词语。所以，她读书期间的作文写得很好，语文老师常常把她的作文当作范文在班上念。由于有了充足的词语量，当学生干部时，她的发言总是别具一格，让同学听得很入耳入神。

四是读初中时，二姐所在班的语文老师蒋宗仁先生在课堂上总爱抽学生回答问题。当其他学生回答不了时，蒋先生一般都会语气怪怪地说一声："曾国兰，你来帮他解一下围吧！"所以，我二姐在上语文课前，都要先认真预习，知道蒋老师总会叫她回答问题。

二姐现在已经是70多岁的人了，身体不算太好，做过手术和几次化疗。但是，她性格开朗，心态阳光，逢人爱讲故事，爱说笑话，幽默风趣，大家都很喜欢听她讲笑话和故事。

显然，在二姐身上我看到了父亲爱讲话、爱"演讲"的影子，父亲的这方面应该更多的是遗传给了二姐！

虽然二姐在读书学习、积累知识、讲故事、讲笑话方面不可能对我构成遗传方面的基因影响，但是，我从小受二姐在读书学习和说话与"演讲"方面的影响是很大很大的，可谓耳濡目染！

可惜，出于多种原因，我的二姐没有上大学，更没有到大学教书，不然的话，她应该是一名相当有成就的演讲者。

人们常说，一个人生活的环境，包括家庭环境，对个人成长成才和今后从事什么样的工作、走什么样的人生道路，影响是特别重大的，对此我非常赞成。在我的身上，我的演讲生涯、我的演讲道路，也许就是一个很好的例证。

我的亲人中，父亲和二姐对我的演讲影响是很大的。

第二章　学生时期打基础

回想我读小学时，前 5 年在四川涪陵（现重庆市涪陵区）的乡镇小学读书，最后一年到了母亲的老家江苏读书，让我印象很深的有几个方面。

一是我读小学时的成绩只是中等。那时的老师很负责任，得经常家访，也就是到每个学生家里，与家长沟通交流学生的学习情况和在校表现。我们小时候则理解为这是老师们向父母"告状"。一般说来，老师对我父母说的最多的话是："这孩子忘性大""字写得不太好"。事后，我难免被父母数落一阵。

二是读小学一、二、三年级时，最怕老师叫我起来回答问题。因为学习成绩不太好，加上口头表达能力不算强，每次老师要提问时，我口里总是小声祷告："不要叫我，千万不要叫到我！"而且总是把头埋下去。但是，到了小学高年级，我学习用功多了，成绩也到了中等偏上一点，于是，我倒希望老师在课堂上提问时点到我。这时，对于老师提出的问题，我大多数都能比较好地回答，老师当然就要当着全班同学的面表扬我一番。老师家访时，当着父母的面表扬我的次数也多了起来。

三是到了小学高年级，我爱看一些连环画的故事书，也读一些小说。到了晚上，当时没有电视看，也很少看电影、戏剧，全家人就早早地上床睡觉了。这时，我经常把我在书上看到的故事讲给父母听。那时，我讲故事的神态和语气，已经开始有一点绘声绘色了。那时，我讲故事，每讲到一个段落，就会说"好"，然后接着往下讲。每到这个时候，父母都会特别认真地听我讲，哪怕我讲得不是太好，哪怕这个故事是他们已经听过好几遍的，但是，他们都会认真听，并给我一些鼓励。

记得我们小学的一位余校长，人长得很帅，而且很会讲话，每次为全校师生讲话时，全场都鸦雀无声，大家都特别喜欢听他讲话，因为他讲话很有说服力，大家会不自觉地认为他讲的话都有道理、都是对的。于是，我心里暗暗下决心，长大了我也要当小学校长，也要像他那样讲话。

还记得我们小学里有几位老师也很会讲话：一位叫陈群生的男老师，讲起话来声音厚重，富有感情，总是那么中听；另一位女老师叫李月玲，她讲话时面部表情丰富，抑扬顿挫，很有节奏感，很有音乐感，很悦耳，而且，该快则快，该慢则慢。

60多年过去了，这位校长和这几位老师的讲话仍让我感觉记忆犹新，历历在目，恍如昨天。

他们对我日后的演讲是有影响的！

"文化大革命"期间，我在江苏一个公社小学、中学继续读书，由于是班干部，所以我在学生面前讲话的机会很多，慢慢地，我讲话的胆子已经大了起来。

后来在四川涪陵六中读初中，我是全校学生中"最大的官"——红卫兵团长，也是要在全校学生面前亮相讲话的。我这时的讲话有了较大的进步。

我的讲话进步最大时候的是高中阶段。

一开始我就是高中一班的班长，会组织全班同学开展各种活动，经常要对全班同学讲话，这是一个重要的锻炼机会，很有作用。这时，我的学习成绩已经很好了，各科成绩基本上是全班前三名，甚至在全年级也名列前茅。于是，我在全班同学面前讲话也更有底气了。

后来，学校又让我担任了全校学生中"最大的干部"——校团总支副书记（书记由老师担任），当然，这就必须在全校学生面前讲话。

特别要感谢学校领导，每次全校性的活动，只要有学生代表发言讲话，几乎都是我上场，我几乎成了"学生代表"发言的"专业户"，这样，就给了我太多讲话的锻炼机会。

机会太重要了！

而我自己呢，也很争气，每次在全校师生面前的发言讲话，我都会认认真真地写演讲稿，到了台上讲话时，声情并茂，每次发言讲话都没有让校领导失望，都得到了听众的赞扬。

有一年清明节，我们学校的师生去为烈士扫墓，我当然又代表全校学生发言。当时我的发言稿写得很好，加上我发言很有感情，我把自己给讲哭了，也把现场的不少同学讲得流泪了。那次发言讲话是我在读书时"演讲"最成功的一次。可惜，演讲稿没有保存下来，也记不清当时我都讲了些什么，居然感动了自己，感动了别人——因为当时并不知道自己今后会一生都从事演讲，也不知道后来的自己会一直行走在演讲的道路上。

当我还在四川涪陵六中读高中时，学校让我担任"官儿"最大的学生干部时，又让我担任校篮球队队长，我的个儿并不高，1.70 米，在全队中，我打篮球的技术也不是最好的，但基于诸多原因，让我当了队长。当队长的人，当然要对全队队员作一些讲话，这不，又是锻炼的机会。

也是在涪陵六中，学校领导在让我担任学校"官儿"最大的学生干部、篮球队队长的同时，还让我担任学校学生文艺宣传队队长。

担任这些学生干部和文体干部最大的好处是什么？是机会！锻炼！平台！舞台！

某报纸载了这样一个故事：

某高中班 56 名学生，竟然有 37 名考上了北大、清华、复旦这样的全国一流大学。为什么会这样呢？肯定是多种因素的聚集，但是，与这个班的班主任有很大的关系。

这个班的班主任，从学生读高一开始，就让他们轮流担任班干部：班长、副班长、学习委员、团支部书记、团支部副书记、劳动委员、生活委员、文娱委员、体育委员等等。这样的好处是，担任干部的学生绝大多数会在道德品质、学习刻苦、遵守纪律方面起着带头作用，当然，学习也就更加努力，学习成绩就很好了。

我读高中时，曾担任校学生文艺宣传队队长，主要是搞乐器，如二胡、板胡、京胡，在后台伴奏。即便是到前台表演，也是搞乐器合奏。

有一次，我们高中一班参加全校文艺汇演，班主任陈天武老师编写了一出歌剧，叫《一担公粮》，居然让我演男一号——大队党支部书记，那是真正到前台作表演了。那出歌剧在全校上演后，我的表演受到好评，大家觉得我可以在前台从事表演。这又是一次重要的锻炼机会。因为演讲是有"演"的成分在里面的。

高中毕业时，全校要进行文艺汇演，举办了一场文娱晚会，庆祝我们涪陵六中第一届高中生毕业，这也是"文化大革命"后的第一届高中生毕业。

学校很重视这台文娱晚会，非常隆重。当时，稍微有一点文艺细胞的同学都在精心准备。节目丰富多彩，唱歌和舞蹈类的节目居多，大合唱、小合唱、独唱、表演唱，相声、群口词、对口词、乐器合奏、独奏，独舞、双人舞、集体舞，等等（当时没有小品这种节目形式）。

我当时创作了一个相声，写的是一个城里人下乡当"知青"，不熟悉农村的情况，闹了很多笑话。我自己表演，当逗哏；与我合说相声的是同班同学陶安奎，他当捧哏。这个相声获得了极大的成功，当时很多人站起来大声吆喝"再说一次"。

这次自编自导自演的相声，获得的极大成功，对我的演讲生涯产生了特别重要的意义：

一是自编。为我后来写演讲稿、写书、写文章奠定了重要的基础。

二是表演。对我后来演讲中的"演"，有重要意义。

三是幽默。因为相声要有包袱，有段子，有幽默感，要能够抓住观众。作品要幽默，表演也要幽默，虽然当时我的幽默感还很稚嫩，但是，为我后来演讲中形成幽默风趣的风格特色打下了最初的基础。

机会重要得很！

锻炼重要得很！

平台、舞台重要得很！

演讲如此，人生中做任何事情也都是如此。

我当过两年多的"知青"，进工厂当工人近两年，1978年10月进入重庆大学读本科，这是为工科大学培养政治理论课师资的一个班，全班30人。

进校四年，当了三年班级团支部书记，这对我的讲话有较大的锻炼。

其实，大学 4 年，最大的收获是系统地学习了中共党史、马克思主义哲学、马克思主义政治经济学，最后的专业定格在"政治经济学"上，获得了"经济学学士学位"。

大学 4 年，对我演讲方面影响最大的有三件事：

一是我们班的学习委员、后来的班长、老大哥赵先生，毕业后在一所大学教书 10 年，再后来成了有相当经济实力的企业家。他的样子看起来非常儒雅，谈吐不凡，为人仗义豪爽。他是"老三届"的高中生，考入大学时，分数比我高了一百多分。他不但知识面广，学习成绩好，而且口才特别好，很幽默。

记得我们当时在学校食堂打了饭菜后都会端到寝室，一边吃饭一边听他"神侃"，他特别幽默风趣地摆龙门阵，我们都听神了，常常听得大家都忘记了吃饭。直到现在，他还保持着健谈、幽默、知识渊博的风格。

显然，我们这位赵老大哥同学的谈吐对我后来的演讲风格是有很大影响的。

二是我的大学同班同学赵大姐，当时我们就觉得她的口才特别好，思维敏捷，思路清晰，反应力快，讲话爱用排比句，而且特别有感染力。后来，她成了重庆大学党委常务副书记，在重庆大学的领导中，她是讲话讲得最好的人之一，我的演讲能力受她的影响也很大。

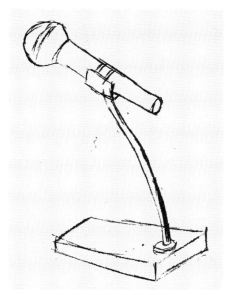

讲台上的话筒

三是我的大学老师查德利，教过我经济学课程，当时他为我们上课，我们就感觉到他的讲课条理清晰、思维创新、幽默风趣，我们都喜欢听。

很有缘的是，我大学毕业时，我的毕业论文指导老师和上讲台实习讲课的指导老师都是查老师，巧了，缘分！

查老师指导我这个即将毕业的"78级大学生"，为低一个年级的"79级大学生"上三个星期实习课，现在看来，虽然也太稚嫩了些，但是，效果应该还不错。特别是运用了我们班上赵老大哥同学和查老师的"幽默风趣"之法，效果显著。

我的两位赵同学和我的指导老师查先生，对我一生的演讲都产生了特别重大的影响。

第三章 "三个时段"影响大

在我的演讲成长过程中，除了我的读书时期，还有三个时段对我有特别重大的影响和意义。

第一个时段，当"知青"的两年零四个月。

在当"知青"的两年多里，我干了许多种类的农活，知道了当时"农民很穷，农业很弱，农村很苦"，所以，人生有那么一段经历，对我也是一种历练，让我在之后的工作中，知道珍惜，知道担当，知道要负责任。

在当"知青"的第二年，我担任了半年的"村小"代课老师，教一年级的所有课程。当时我们的"村小"有3名教师，都是一个老师把一个班的课程全部包下来，而且包到底。

50多年过去了，有一件事让我记忆犹新。当时我这个班有一个女生，姓肖，她的爸爸是大队团支书。我教这个学生算术时，写阿拉伯数字"3"，教了很多次，她就是把"3"趴着写，成了一个"M"；后来我手把手教她，本来已经写得好好的，一松手，又把"3"写得仰起，成了"W"。

刚开始教书，没有经验，我不知道怎么办才好。

我叫来她当大队团支书的爸爸，肖书记亲自教他的女儿写"3"，几个回合下来，他的女儿还是把"3"写成"M"或"W"。最后肖书记无奈地摇了摇头，笑着说了一句："慢慢来！"

这个"慢慢来"，对我来说，印象太深刻了。

教小学，不需要太多的演讲艺术，但实际上也是有教学方法和艺术的。

许多年后，我作"智商与情商"演讲时，讲到开发孩子的智商以及教学方法与教学艺术时，就讲到了这个案例。

当然，我也想到了比较好的解决方法，那就是把"3"写成若干个虚点，让学生连接。当连接若干次后，就减少虚点的数量，让学生继续连接，然后继续减少虚点数量，直到只有两个点、一个点，最后取消所有的点，这样，学生就完全会写"3"了。后来，我把这一段写进了我在2007年出版的《智商情商手拉手》一书中（中国法制出版社）。

曾经听过一句很极端的话："没有教不好的学生，只有无能的老师。"我认为这句话说得有点大、有点满，可以改为："没有教不好的学生，只有想不到的办法。"

半年左右的"村小"一年级代课老师的经历，对我以后从事大学教学工作具有一定的作用和影响。

后来，我担任过大队团支部书记，召集全大队团员开过几次会，这期间我也会进行一些当众讲话或者"演讲"。

我当"知青"的龙潭区搞文艺汇演，每个公社都要准备一些节目参加汇演。我们公社准备的文艺节目中，有一出"谐剧"，其实就是今天的小品，或者说是小话剧更确切。剧名叫《哥俩参军》，说的是亲兄弟俩都想参军，但只有一个名额，看父母的态度吧。

我在剧中扮演了一个角色：两兄弟的父亲。

这个话剧在全区汇演很成功，甚至引起了"小轰动"，后来，得到了县文化馆的重视。

当然，这个《哥俩参军》小话剧是由我一个人自编、自导并主演的。

这个小话剧，为我进一步打下了在前台"演出"的基础，我自己也觉得，我不能完全在后台进行乐器伴奏，还可以在前台演出。

从那以后，公社成立了半专业性的文艺宣传队，平时在公社农场劳动，抽空进行一些节目排练，有演出任务时就进行演出。

公社领导任命我担任宣传队队长，另一位叫蒲廷燕的退伍军人、党员、有一定文艺细胞的同志担任指导员（后来是重庆农商行基层的一位领导），还有一位"知青"段豫川担任副队长，他负责表演（后来是西南大学的教授、博导）。

在公社宣传队的一年多时间，我除了管理队务，还负责群口词、相声、小话剧等创作，负责主要的乐器伴奏，有时也到前台进行一些演出，那一年多时间，对我"演"的锻炼是很大的。

第二个时段，在国营八一六厂的近两年时间。

我由"知青"招工到国营八一六厂工作，国营八一六厂是一个核工业部的"后处理厂"。我在那近两年的工厂工作、生活和学习中，基本上没有接触到核工业的具体工作，主要是接受培训和上山开荒种土豆。

我担任了二分厂新员工培训班的第二班班长。第一班班长是一位王姓女士，她一进厂就是党员。因我是班长，就有了在全班学员面前多次讲话的机会。

当时我的学习成绩仍然是培训班最好的之一。

在这个厂工作的时间虽然不长，但对我来说意义重大。因为它是我第一次正式工作。而且在这期间，我公开发表了两篇作品：一是一首儿歌（小诗）《扫雪》，八句。全诗是这样的："北风吹，雪花飘，我和弟弟起得早。叫来明明和小宝，军属门前把雪扫。军属婆婆开门瞧，是谁替我把雪扫？门后笑声一片片，婆婆参观作指导。"

这首儿歌（小诗）发表在涪陵地区的一份正式报纸上，继而很快在厂里传开了，当时的工人们很少在报纸上发表作品，他们都感到好奇。没过多久，我在那份报纸上又公开发表了一首比较长的散文诗：《我们的车间》，全文记不得了，只记得前两句是："我们的车间，一个农业机械的医院。"全诗是用"an"的韵，而且一韵到底。

可惜的是，我的两篇公开发表的"处女作品"，原件都没有保存下来。

于是，厂里的不少人都认为我的文笔可以，会写东西。

在我工作过的这个工厂具有重大意义的点是从这个工厂我考上了重庆大学。

在我工作过的这个工厂还具有重大意义的是我结识了后来成为我夫人的陈晓曼女士，她也是这个厂子里的工人，我们同在一个培训班。我们一起学习、劳动、到食堂打饭、看广场电影，增进了了解。当我考上重庆大学时，我们基本确定了恋爱关系。

我在重庆大学的第一个寒假，是 1979 年初，已经与我确定了恋爱关系的陈晓曼女士，与我一起到我的老家涪陵龙潭区（现龙潭镇）见我的父母。

在去我家的公共汽车上，两个半小时车程的山路，弯道多，天气较冷。于是，我在车上为恋人讲起了故事。记得当时讲的是一个凄美的爱情故事："不见关才不落泪，不见黄和心不死。"

故事是这样的：

从前有一个后生名叫关才，自小父亲就离世了，与母亲相依为命。母亲在家磨完豆腐，关才便上街叫卖，日子过得紧巴巴的，但是平淡而幸福。

关才有一副天生的好嗓子，每天一边沿街卖豆腐一边唱歌，他优美的歌声感动了很多人，豆腐生意也由此好了许多。

很多人既是为了买豆腐，也是为了听他的歌。

在这条街上住着一个姓黄的大户人家，有万贯家财，但膝下无子，只有一女。此女貌美贤淑、知书达理，年方十六，乳名叫"黄和"。黄和待字闺中，大门不出，二门不迈，但每天都能听到关才的歌声，她觉得太动听了。她想啊，歌声如此美妙，这唱歌的青年不知道有多么俊俏，于是渐渐地暗恋上了从未见过面的唱歌青年关才，不能自拔。

这一天，关才的母亲生病了，他在家中照顾母亲，一连几日没卖豆腐。黄家小姐几日听不到关才的歌声，心中怅然若失，不免胡思乱想，心内烦躁不安，不思茶饭，竟害上相思病。单相思让黄和日渐成疾，面黄肌瘦，病倒在床，求医无效，病入膏肓！

黄员外夫妇感到女儿的病很蹊跷，母亲再三追问，女儿才羞愧地说出心事，并且说了："女儿不孝，即将辞世。但愿死之前见上这唱歌郎一面，死也瞑目了。"

得知了女儿的心事，黄员外对女儿说："此事不难，父母一定成全你和他见上一面。"黄和小姐听到双亲的承诺，心略安稳，盼望与心上人相见的那心动一刻。

黄员外夫妇商量了一个办法，中秋将至，黄府设宴邀请四乡八邻前来免费赴宴，而且所来之人都有赏钱，与乡邻同乐，共庆佳节。

贴出告示后，众乡邻听说有这等好事，奔走相告。中秋佳节一到，众乡邻都来黄府赴宴。此时，关才的老母亲身体也好了许多。关才搀扶着老母，也随众人前来吃席。酒席之间黄员外对众乡邻说道："如此佳节，能与众乡邻共度良宵，倍感荣幸。你们会唱的唱，能说的说，今天尽情欢乐，一醉方休。"有的人真唱了起来，但都唱得不好。

乡邻们都知道关才的歌唱得好，便邀请他唱一首。关才也不推辞，于是就站了起来，引吭高歌。优美的歌声，透过夜空传到绣楼之上，病中的黄小姐听到这歌声，幽魂忽返，颤颤巍巍站起来，整理衣裙，挣脱丫鬟搀扶，慌忙走下绣楼，直奔前厅。小姐不顾羞涩，伸手掀开帘幕，来看思念之人！不看便罢，这一看惊得不浅！眼前那唱歌之人，张着大嘴引吭高歌，小姐"啊"的一声，险些跌倒！丫鬟急忙搀扶，踉踉跄跄回到绣楼，从此断去相思之苦。你猜如何？那关才虽然唱得好曲，却长得奇丑，又由于小时候出天花落得一脸的大麻子，所以小姐见后再无思念之情，从此病体痊愈。

且说这关才正在高歌，珠帘忽起，见一绝代佳人，面容憔悴，如带雨梨花，千娇百媚地站在自己面前，不觉春心荡漾。关才虽丑，但正当少年，充满青春活力，不免把小姐放在了心上！

回到家里，久久不能入睡，美人的倩影一直在他面前晃动，他有些精神恍惚了。从此以后，关才日日思念、夜夜浮想，竟一病不起！

这关才也害起了相思病，他渐渐病入膏肓。关母求医问药都无济于事。关母着急，多次问儿子的病因，关才方才细说缘由。关才在临死前也说了："妈妈，儿子不孝，即将辞世，我的心愿就是能再见黄小姐一面，我也就死心了。"关母不住叹息，说道："儿啦，咱们穷人家要想见黄小姐，比登天还难啊！你就不要痴心妄想，好好养病吧！"

关才知道不能再见到黄小姐了，心灰意冷，一命呜呼！关母悲天恸地，几次昏死过去！左邻右舍见其可怜，帮忙买了棺木盛殓关才的尸体。时值冬季，关家贫穷，无法下葬，于是将棺木放在自家窗下，等待清明时节再入土为安。

一晃三个多月，一位远方客商拉着骆驼从关家门前经过，隐约见院内一股怨气直冲云霄，回荡长空，不觉好奇，上前拍打门环。关母将门打开，客商见院内有一口棺木放在窗前，原来那怨气是从棺内不断发出，便上前问明缘由，听后唏嘘不已。

客商对关母说："你儿虽死，但心还活着，那叫没有死心。我给你十两银子，把你儿的心卖给我，也算你儿孝顺你了。"关母此时生活艰难，度日如年，想来想去，只能如此，便答应了客商！

关才的棺木被放在窗下，受日月精华滋养，他的心已成了气候。那客商会看阴阳，买下心来，放入坛中沿街卖唱。客商拉琴，关才是个会唱之人，听到琴声，他的心便唱起歌来。大街小巷，听唱之人络绎不绝，这样的蹊跷之事传得沸沸扬扬。

再说那黄家小姐，自从见了关才，断了相思之念，身体逐渐康复。她虽然身在闺中，但还是听说关才因她已死，心里很是懊悔愧疚，常常自责，有人提亲，都被她一一回绝。

这一日，黄小姐正在房内烦恼，忽然听到那久违的熟悉歌声，很是纳闷！急忙叫丫鬟下楼去看。丫鬟走到大街上，看见一位客商拉一头骆驼被众人围着在那卖唱。客商一拉琴，坛子就唱歌，很是好奇。丫鬟回报黄小姐，小姐听说，心里已经明白几分，命丫鬟拿十两银子请卖唱的到花园来唱。接了赏银的客商十分高兴，来到花园中，拉起琴儿，那坛子里的心便高声歌唱，悲悲切切歌声传到绣楼。黄小姐听到歌声不顾千金之体的颜面，冲下绣楼直奔花园，上前来用手揭开坛盖，只见一颗活生生的人心在跳动唱歌，黄小姐知道这是关才的心，是关才在唱歌，不觉泪水夺眶而出！说也凑巧，黄小姐有几滴伤心之泪恰巧就落在那颗正在唱歌的心上面，这时，只听歌声戛然而止！客商不管怎么拉琴，那颗心就是不再唱歌了！客商再拿出心来一看，关才的心已经死了！

黄小姐用重金买回那颗心，送回关家，拨了不少的银两赡养关母，然后将关才厚葬。

关才到死没见到黄小姐，心有不甘，人死心亦活；黄小姐心内悔恨，见了关才之心后方才落泪。

后来，人们把这个凄美而神奇的故事广泛传开了，取名为："不见关才不落泪，不见黄和心不死。"

再到后来，逐渐演变为"不见棺材不落泪，不到黄河心不死"的俗语。当时讲的故事要简单一些（本书的这个故事改编自网络作者"晓青山水"）。

当时在公共汽车上，我对恋人陈晓曼女士绘声绘色地讲了这个故事，只见她听得入神了，而且眼睛里噙着泪水。

后来，陈晓曼女士成了我的夫人。也许，她见我很会讲故事，而且打动了她，更加固了我们的恋情。

多年以后，夫人对我说："当时，就是很喜欢你会讲故事才与你恋爱的，至少婚后不寂寞。"

第三个时段，在四川省自贡市委党校工作的四年半。

我读的大学本科，是重庆大学举办的为工科大学培养政治理论课师资的一个班。但是，在读大学期间，我见到一些工科大学生对政治理论课听课不太专心的样子，便萌生了不愿意教书、不愿意教政治理论课的念头。

加上我父亲希望我大学毕业后从政，当党政干部；我的母亲则认为我不适合教书。母亲说："当老师教书的人，嘴唇要薄，说起话来，嘴皮翻动得快。"母亲说我的嘴唇像我那行武出身的父亲，太厚了，当老师不适合。

于是，在大学毕业时，有一个名额是四川省自贡市人事局再分配（当时重庆属于四川省），于是，我主动填写了志愿到人生地不熟的自贡市去工作。

到了自贡市待分配三个月后，我被分配到自贡市委党校当教员，还是教书，这是命运吗？是也，非也！非也，是也！

我们同时分配到自贡市的三名政治经济学专业的大学本科生：四川大学的郁某某、四川财经学院（后来的西南财经大学）的吴某某和我。因为我和四川大学的郁某某是毕业于重点大学，才有资格分配到市委党校教书，而毕业于四川财经学院的吴某某，因为是非重点大学毕业的，被留在市人事局当办事员。

人生的道路，一个人的职业生涯，基本上不是规划出来的！

谁都不知道"未来"什么样子。

后来的几十年，我们同时分配到自贡市的三个政治经济学专业的大学生，走上了完全不同的道路：

郁某某当过老师，经过一些曲折，后来在投资方面很有收获，在海南成为"寓公"，专心写作。

吴某某后来成了自贡市人事局局长、荣县县委书记、四川某地级市副厅级干部。

我则在自贡市委党校教书四年半，再后来调到重庆大学任教。

党校的教学，针对的是成人干部，与一般大学的系统学习完全不同，党校是专题式的教学。用我的话讲，是"半演讲式"的教学。

在自贡市委党校的大会上试讲、正式教学，我的"演讲才能"初步显现，以至于党校领导将我的夫人从国营八一六厂调到自贡市委党校工作，这在自贡市委党校是破天荒的，应该说，与我的教学演讲有关。

1985 年 5 月 23 日，我在自贡市委党校光荣地加入了中国共产党，这是自贡市委党校在"文化大革命"后发展的第一批党员（我和另一位罗老师）。

1987 年上半年，我和夫人双双调回重庆大学。就这一点来讲，我有愧于自贡市委党校。他们对我那么重视，特别是将我的夫人调到市委党校工作。但是，从另一个层面讲，我个人和夫人调到重庆大学工作后，人生的道路是完全不同的。

夫人后来成了重庆大学出版社的财务科长、财务总监。

我则成了重庆大学的讲师、副教授、教授（二级教授）；成了硕士生导师、博士生导师和博士后导师；成了副院长、院长、院党委书记；在中央电视台《百家讲坛》作了两次演讲；在全国作了几千场演讲；写作发表了近千万字作品。

显然，重庆、重庆大学的平台、舞台大不相同，机会更多，更能够提高我的演讲能力和水平。

我非常感谢自贡市委党校，终身感谢！

我特别感恩重庆大学，终身感恩！

我带着这份感恩之情，在重庆大学教学、科研和管理，同时，也不断努力提高自己的演讲能力和水平！

第四章　印象深刻诸演讲

在全国演讲了数千场，但有一些场次的演讲，给我留下的印象特别深刻，让我终生难忘。

1. 第一次真正意义上的演讲

那是 1988 年在重庆市沙坪坝区图书馆的演讲，演讲的是关于国际经济政治形势方面的专题，应该算是我人生第一次真正意义上的演讲。

虽然此前也在教室里多次"讲"过课，但它们只能算是"教学演讲"，严格说来不能算真正意义上的 "社会演讲"。

这次演讲，是沙坪坝区图书馆举办的重庆市演讲的一个品牌项目："星期日讲座"。

当时重庆市的"星期日讲座"只此一家，这是一个公益性讲座。演讲者大都是重庆高校的教师，听众是社会上愿意听演讲的人士，演讲的题目广泛，内容丰富。

一位姓柯的年轻社会人士把我介绍给沙坪坝区图书馆的一位负责图书馆演讲事务的李姓年轻工作人员，也没有经过笔试、面试和试讲，就让我正式作了一场演讲，效果较好。

一位不知名的外地听众后来给我写了一封信，信中对我进行了鼓励，声言我的演讲"达到了国家级水平"。当时看了这封信，我有点"受宠若惊"，但我头脑很清醒，知道自己在演讲方面有几斤几两，可惜这封信没有保存下来。

后来，在沙坪坝区图书馆的"星期日讲座"讲坛上，我成了演讲的常客，也应是听众最喜欢的演讲者之一，在后来的几年里，我成了沙坪坝区图书馆"星期日讲座"演讲场次最多的讲师之一。

再后来，重庆市图书馆、渝中区图书馆、江北区图书馆也相继办起了"星期日讲座"，我都成了这些图书馆讲座的演讲者。

有不少热心的听众喜欢听我演讲，特别是有一些老年的男女听众，成了听演讲的"专业户"，他们几乎成了我演讲的"固定听众"，而且追着到重庆市几家办"星期日讲座"的图书馆听我演讲，有的专题听过了，但是，仍然饶有兴趣地再次听下去。

这些人和事，都鼓励了我在演讲道路上继续走下去！

人，是需要激励、鼓励以及勉励的。

2. 一次难忘的演讲

20 世纪 90 年代初，重庆大学党委举办了第一期"青年教师政治培训班"，我有幸成为这个班的学员，也是这个班的副班长。

班长是李晓红，他当时坐在第一排，听得很认真。作为学员和班长的他，对我的演讲进行了表扬。后来他成了重庆大学的校长、武汉大学的校长、院士、教育部副部长、中国工程院党委书记、院长。

后来在西南财大、重庆大学、厦门大学 3 所学校担任过校长的张宗益教授，也是这个班的学员，还是一个小组的组长。

这个班的学员大多数后来都成了重庆大学校级和学院级领导、学术骨干。

在重庆大学"青年教师政治培训班"，我们几十位学员一起学习政治理论、管理理论，一起讨论，一起成长，后来大家也都成了好朋友，成了重庆大学教学、科研和管理方面的骨干，为重庆大学的发展作出了应有的贡献。

我的老师贺荣伟教授是这个班的任课教师之一。

同时，我也是这个班的任课教师。当时，我为这个班讲授的是中美关系、海湾战争，受到了好评。

后来我一直认为，高等院校办这种针对教师的"政治培训班"很有必要。不仅是青年教师，其实所有的教师都应该加强思想政治教育培训。这是社会主义的大学，教师端的是社会主义的碗，不能砸社会主义的锅，应该勇于担当政治责任。

习近平总书记曾经特别指出，做好老师的第一条，就是要有理想信念，心中有国家和民族，肩负国家使命和社会责任。

为重庆大学第一期"青年教师政治培训班"学员作的演讲，令我印象非常深刻。

3. 惊心动魄的一次演讲

在我的数千场次演讲中，最惊心动魄的演讲是 20 世纪 90 年代初期的一次演讲，那时我是副教授、系副主任（副院长）。

重庆某市级部委邀请我作"世界经济形势"方面的演讲，我欣然应许。

记得那是一个上午。

该部委派车接我到了会场，只见会场上已经坐满了该部委的上百名干部。该部委的负责同志对我讲："请您来我们部委作一次报告不容易，所以，我们现场要录像，以供各区县本系统部委的干部职工继续学习。"我感到很荣幸。

当时的演讲，没有投影仪，没有电脑，演讲稿都是纸质的。

演讲前 10 分钟左右，我打开带去的演讲稿一看，马上傻眼了，差点晕过去，为什么？我的纸质演讲稿带错了，不是我要讲的"世界经济形势"的讲稿，一点不搭界，完全不沾边。

怎么办？

回重庆大学拿演讲稿？不可能！

改期再演讲，也是不可能的！

我也有虚荣心，不愿意明说我把演讲稿带错了。

演讲照常进行，摄像机已经准备录像了！

我故作镇定，一点没有表现出慌张的神态，把带错了的演讲稿拿在手上，开始讲了起来，并不时假装看一看、翻一下演讲稿。

结果，两个半小时的"世界经济形势"演讲报告，有惊无险地讲了下来。

事后，该部委的领导和现场听众都说我讲得真好，所录的影像拿到区县部委去放映，反响都很好。

演讲完毕，我的演讲报酬本来事先说好的是半天100元，后来，该部委的领导认为我讲得太好了，居然增加了20元的课酬，一共120元。

30多年过去，这次演讲给我印象太深刻了，教训也太深刻了！

一方面，当老师的平时要多学习、多读书、多积累，几十年的演讲生涯中，什么情况都可能发生，必须有一定的知识储备。

另一方面，演讲前一定要检查演讲稿带了没有，带对了没有。现在已没有纸质演讲稿，一般都是带U盘。现在我要带3个有同样演讲稿PPT的U盘，还要准备通过云端解决一些突发问题。

再有，教师的责任心在这方面特别重要，不是每一次都那么幸运的。

4. 层次比较高的几次演讲

第一，在一所军队医科大学的演讲。

10多年前，我应邀到广州的南方医科大学（其前身是一所著名的军队医科大学）演讲。

这一辈子，我最大的遗憾是没有当上医生。

虽然我不是学医的，但在全国的200多家医院作过演讲，还有10多个专题经常在医院演讲，比如，做一名优秀的医院院长、做一名优秀的医院科主任（中层管理者）、做一名优秀的医务人员、医务人员的责任心、医务人员的阳光心态、医务人员的压力管理、医务人员的情商素养、医务人员的国学素养、有效的医患沟通、医务人员的执行力、团队管理与团队精神建设、医务人员的传统文化素养、医务人员的责任担当、从责任走向优秀等等。

1977年恢复高考时，我报考的是医学院。我的大姐是医师，她建议我最好当医生。那一年的高考，我上了录取线，我们所在的国营八一六厂的总厂墙上有大红喜报，一共18人上了分数线，就有我。但是，那一年是先公布分数线，上了线的人才能体检。经体检，我有色盲，还有严重的鼻炎，这样一来，专业受限，第一年没能上大学，特别是没能上医学院。

隔了半年的1978年再次高考，我报考的是文科，考上了重庆大学政治经济学专业。

为了在全国医院、医科大学作演讲，我收集了上百个医疗方面的案例，所作的演讲尽量联系医务的实际情况，所以，绝大多数医院的听众都比较喜欢我的演讲。

我在重庆的一家军队医院演讲了近 10 次。山东烟台的一家医院，竟然先后邀请我去演讲了 3 次；在武汉金银潭医院、广西百色人民医院等多家医院演讲过两次。

在南方医科大学演讲时，演讲的题目是"从责任走向优秀"，一走进会场，会场的听众基本上穿的军装。坐在前排的两位首长，则是佩戴着少将军衔，一位是该校的校长，一位是该校的政委。在他们的后面，坐的基本是大校、上校、中校和少校，听众的层次比较高。

我曾经多次为在场有将军、省部级干部、厅局级干部、处级干部的会议作演讲。

我发现，包括广州这所医科大学的演讲，"官越大听课越认真"，没有一个玩手机的人，没有一个来回进出接打电话的人，基本上在做笔记。

在南方医科大学演讲完毕，政委、少将作总结讲话，对我的一些鼓励的语言我也记不清了，但有一句话我印象很深，这位政委说："什么是精品课程？今天曾教授这场演讲就是精品课程。"

我一直把这句话作为鞭策我努力做好每一场演讲的目标和动力。

第二，在重庆为女性干部作的演讲。

20 年前，重庆有关方面组织了 100 名正副女性厅局级干部听我演讲，题目是"领导方法与领导艺术"。

印象很深的是，她们都听得很认真。要说的话，她们什么报告没有听过，就是领导方法与领导艺术方面的演讲也不知听过多少次，而且，她们都是经常给别人作报告的人，但是，她们那种特别爱学习的精神令人感动。而且，她们百分之百都在记笔记。

演讲结束后，她们中的不少人给了我许多表扬性的鼓励语言，让我很感动。

第三，在党校的一场演讲。

10 年前，在重庆市委党校为 500 名左右的正副厅局级干部和大公司的正副老总，作了一场题为"努力建设优秀的党性文化"的演讲。

在全国作"党性文化"演讲的不多。而"党性文化"的内容很广泛，我重点讲了中国共产党的"执政文化""为民文化"和"廉政文化"，那场演讲效果比较好。

第四，在重庆市政协的演讲。

2022 年 4 月 22 日下午，重庆市政协邀请我在市政协礼堂作了一场题为"做一名真正喜欢读书的政协委员"的演讲，听众主要是市政协 8 位正副主席（正副省部级干部）和政协机关的干部。

因为第二天即 4 月 23 日是第 27 个世界读书日，这是市政协举办的一次文化讲座和读书活动，旨在响应习近平总书记的"多读书、读好书、善读书"的号召，促进建设书香政协、书香社会、书香中国。正好在 2007 年的 4 月 23 日我被评为"重庆市首届十佳读书人"。

这次演讲，听众给予了较高评价，第二天，重庆卫视还作了报道。

5. 演讲时受到的感动

在全国作了几千次演讲，我简单总结了一下，所作演讲最多场次的地方，第一位的当然要数重庆市。因为我在重庆工作、居住，演讲方便，在重庆的知名度相对较高。

其次就是山东省，包括山东的省会城市济南，在其他的二线城市基本上作过演讲，有的地级市可能去讲过 10 次、8 次。

再次是湖北省。我在武汉市作过多次演讲。在武汉金银潭医院讲过两次，特别是 2019 年 12 月 18 日第二次去这家医院作演讲，两个多月后，新冠疫情大暴发，好险！我当时见到了后来成为抗疫英雄的张定宇，那时张院长的腿就不好，有渐冻症！

在湖北省的黄石市作过 8 次演讲，宜昌市作过多次演讲。

在深圳作过 10 多次演讲。

再就是江苏、浙江、广东、四川这些省份也是作演讲较多的地方。

西藏、宁夏、台湾、澳门这四个省区没有作过演讲。

去香港作过两次演讲。

我发现了一个现象，所有的演讲中，山东的听众听得最认真，现场拥有我的书籍和演讲光盘的人也最多，我不禁感叹，山东不愧是"孔孟之乡"！

让我很感动的一次演讲是 2018 年在重庆大学 C 区第五教学楼五楼教室，为山东的一些党政干部作"责任的担当"的演讲。演讲氛围很好，我演讲得很投入，他们听得也很认真。听众越认真，演讲者会更有激情，更加倾情演讲，效果会更好。

其间，他们现场就有了我写作出版的不少书籍和演讲光盘，排着队让我签名、与我合影，我好像过了一把"明星瘾"。

休息时，一位中年女干部拿着我的书悄悄地对我说："教授，您讲完课后，我陪您走下楼去。"我想，她可能有事要单独对我说，我说："好的！"

演讲结束后，我收拾完演讲的教具后，这位女干部果然陪同我走到底楼，出了大门，我停下脚步，对她说："您有什么事要单独对我说吗？"

这位女干部说："没有事要对您说。"

我又问："那您为什么要单独陪我下楼、出大门？"

这位女干部说："我养成习惯了，每次培训学习完了，我都要送老师出大门，老师们讲课辛苦了！"

这位女干部说话的声音很平和，没有任何做作！

我感动了！

我记忆深刻：这就是山东的听众，不愧为"孔孟之乡"的干部！

6. 为财富人士的演讲

偶然的机会为一些大型保险公司作"产说会"的演讲，这是我人生演讲经历中的一个亮点。

虽然是经济学专业的，以前对保险也有所了解，但是只知道它是金融业四大支柱之一。我没有专门学习过保险课程，更没有写过保险方面的文章和书籍，长时间都没有专门作过保险知识方面的演讲，当然更没有在保险方面进行过操作实践，也就是没有买过保险。

夫人是国有企业的财务管理者，她很有经济意识，在 20 世纪 90 年代中后期就买过多笔数额不算大的保险。

我在 20 世纪 90 年代后期听过一次高级别的演讲，演讲者姓刘，是中央的一位学者型干部，已经过去近 30 年了，他的一个观点至今让我印象深刻，深为赞同。当时他在演讲中说道，中国经济要走出困境、求得大发展，既要在供给端和需求端发力、在结构上着力，还要在消费上发力、在保险上着力。他认为，你生产的东西再多再好，人们不愿意购买，有什么意义？为什么许多中国人不愿大量消费，因为他们有后顾之忧，比如失业风险、住房风险、生病风险、灾害风险、子女教育风险、养老风险等等。为了规避风险，人们就拼命存钱而不愿大量消费。所以，中国老百姓的存款量很大。

这个问题怎么解决？除了消费观念和市场畅通，就要从保险入手。一是商业保险，二是社会保障。有了这两种保障，人们的后顾之忧减少了，当然就愿意多消费了，从而反作用于生产，经济这盘棋就盘活了。

我接受了这位专家的观点。

长期以来，中国老百姓对保险认识不够清楚，前些年，自觉购买保险的人不多，加上保险行业以前不太规范，时有负面信息，再就是社会保障还未全覆盖。所以，中国保险业的发展还没有达到应有的高度。

几个保险公司知道我有一定的演讲能力，并且有《百家讲坛》的演讲经历，还经常在全国作演讲，又是经济学方面的教授。于是，中国有一家保险公司的副总和一位女干部专程从上海总部到重庆对我当面进行演讲方面的考查，后来，在全国的保险"产说会"演讲就一发不可收拾。

作为学者，我不讲保险产品本身，我讲宏观经济形势、私人及家庭财富管理、财富的一些主要风险及规避、财富的传承、财富的增值性管理、家庭财富的配置等等。

关于保险"产说会"，在深圳市就讲过 8 次；在黄石市讲过 8 次；在宜昌市讲过 6 次，在全国讲过百余场次。业绩好的一次，在深圳，有大概 50 位听众现场购买的保险金额，"规保"达 1.3 亿元，当然主要是他们的保险产品好，他们的前期工作和现场营销做得好，我的演讲只是助推了一下。

在"产说会"的演讲增加了我的保险和财富管理方面的知识，于是，2016 年在重庆大学出版社出版了时长 6 小时的我的第六部个人演讲光盘《私人财富管理》；我也由此结识了不少高净资产和财富的朋友；当然，我自己也购买了相当数量的商业保险，我知道，"光说不练，是假把式"，理论与实际结合，演讲与操作齐飞！

7. 义务演讲也是有的

我的大多数演讲是有报酬的，这也是理所应当的，人家说的是："尊重知识，尊重人才"，"给点辛苦费"。

但我也有上百次演讲是义务的。

当年重庆大学有许多学生组织，这个协会，那个协会。在 20 世纪 80 年代，我在重庆大学小有名气，于是，学生的一些协会便邀请我演讲，当时完全没有报酬，我也是"来者不拒"。那几年，义务演讲了不少场次。

为学校离退休的老同志作过一些义务演讲。

为华中科技大学的研究生学生会作过义务演讲。

为重庆大学公共管理学院的本科生、研究生作过一些义务演讲。

在重庆市沙坪坝区图书馆的"星期日讲座"作过不少义务演讲。

疫情防控期间的线上义务演讲"领导干部的素质素养"。

在中国共产党成立 100 周年前，为重庆大学某离退休党支部作过党史专题的义务演讲……

十多年前，我曾受邀去云南的一个贫困县演讲。这个县很小，全县不到 10 万人，县城居民才 6 000 人左右，他们那时还未脱贫。重庆大学派了一位胡姓老师去挂职担任"科技副县长"。

到这个小县城演讲，路上乘坐飞机和汽车，单程就需 8 个多小时。记得我当时为全县党政干部作了题为"领导方法和领导艺术"方面的演讲。

演讲后，该县给了我 3 000 元的演讲课酬。

我当即对该县的领导讲，我将这 3 000 元报酬捐给他们县的 10 位贫困一点的小学生，每人 300 元。

该县领导尊重了我的建议，并很快落实。

事后，该县的经办同志把 10 位受捐赠的小学生姓名发给了我，我也没有保存，有意识地把这些小学生的姓名忘记了。

2015 年 7 月，原重庆市程副市长退下来后，担任了重庆市慈善总会名誉会长，他特别邀请我为重庆市慈善总会的工作人员，包括区县慈善总会的干部们，作一场题为"努力做好慈善事业"的演讲。

我当时讲了几个方面的问题：

一是慈善事业再认识。

其一，再认识慈善的内涵。慈何意，善何意，慈善何意，事业何意，慈善事业何意，慈善外延的扩展。

其二，再认识慈善的意义，包括理论意义和现实意义。

其三，慈善现状再认识，包括慈善事业的成就和存在的问题。

二是做好慈善更努力。

其一，强化慈善事业发展的法规建设。

其二，加大慈善的激励力度。

其三，营造慈善的好环境。

其四，抓好慈善工作的三大重点。

其五，加强慈善工作的交流与合作。

当时的演讲，得到了程会长的表扬和与会人员的称赞。

演讲结束后，重庆市慈善总会的负责同志给我 3 000 元作为这场演讲的报酬。我虽然也接受了 3 000 元的演讲报酬，但是，我马上全部捐给了重庆市慈善总会，他们给我出具了捐赠收据。

其实，这些年来，不仅我，还有我一家七八口人，每年都会做一些力所能及的现金慈善捐赠，主要是捐给重庆市慈善总会。

8. 多次作了国学、传统文化的专题演讲

我的专业是政治经济学，有关机构给我发了一本证书："重庆市理论经济学术带头人（政治经济学）。"应该说，对大学本专科学生所进行的政治经济学教学，是我讲得比较好的课程，毕竟是我的专业。

什么时候讲起了国学、中华传统文化方面的专题？大概是 2008 年以后的事情。那时，由于动了大手术，我主动辞去院长职务，成了半专职演讲者；加上全国的国学热、中华传统文化热的兴起，许多培训班也举办了起来，有了需求，于是，有的办学单位邀请我作一些国学、传统文化方面的演讲，这方面的专题也就成了我演讲题库中的一部分。

我先后作了一二百场关于国学、传统文化方面的演讲，如国学经典与人文素养、国学智慧、领导干部的国学素养、医务人员的传统文化素养、学习《易经》的体会、孝道文化、曾国藩的用人之道、曾国藩的处世哲学、曾国藩的家教家风、曾国藩的为官之道、曾国藩的领导力、曾子文化、传统文化中的处世哲学等等。

2016 年，在重庆大学出版社出版了时长 6 小时的演讲光盘《国学经典与人文素养》，几次加印。

2017 年，在重庆大学出版社出版了时长 3 小时的演讲光盘《中华传统文化之孝者天助》，同年又出版了时长 3 小时的演讲光盘《中华传统文化之处世哲学》，分别加印。

2017 年，在重庆大学出版社出版了《静心悟道：100 个故事的启迪》一书（中华传统文化读本）。

2021 年，在重庆大学出版社出版了《国学智慧：讲好传统文化故事》一书（中华传统文化读本）。

国学、中华传统文化的内容浩如烟海，但是在大多数演讲中，包括《国学经典与人文素养》的演讲光盘中，我演讲国学和中华传统文化最多的是两个字——"仁"和"止"。

仁，儒学的核心；而儒学，则是国学的主体。孔子讲"仁"很多，他的《论语》20 篇 15 900 多字，提及"仁"字的约有109 次。其实，诸子百家，大都推崇"仁"。

我在演讲中会讲仁政、仁德、仁爱、仁善、仁厚、仁义、仁孝等等。

我还重点讲了"止"和"止学"。

止学，是中国古老的一门学问，在国学、传统文化中，闪烁着智慧的光芒，它是人生成功的大智慧。而在《大学》中，就有"大学之道，在明明德，在亲民，在止于至善。知止而后有定，定而后能静，静而后能安，安而后能虑，虑而后能得"。

《止学》是一本关于"止"之思想集大成的书，《止学》的作者王通，号文中子，隋朝大儒。《止学》全书 10 卷，千言之内：998 字。其主题就是一个字："止"。《止学》是一部被湮没久远的关于胜败荣辱的绝学，学习了《止学》，便站在了人生的制高点。有人说，欲成大事者，必须学习《止学》。有人说，《止学》是中华传统文化中最经典的部分之一。

曾国藩是"止学"的大家、高手，他在书房手书四字："克己止学。"他说道：人生之善止，可防危境出现。不因功名而贪欲，不因感极而求妄。富贵常蹈危机，盛时须作衰时想，以止为行动之本，从反面考虑问题，不越雷池、无张狂样。

习近平总书记多次引用曾国藩的名言告诫领导干部：心存敬畏，行有所止。

最有意思的是我接受了"学习《易经》的体会"这个专题的演讲任务。

那是 10 年前，有一个培训机构知道我作国学、传统文化方面多个专题的演讲，还比较好听，于是，邀请我作《易经》方面的演讲，我十分犹豫。为什么？

第一，我自己没有专门研究过《易经》，对《易经》中那些图形我自己也没有搞懂，怎么去讲呢？不能不懂装懂，误了别人。

第二，我过去知道一些《易经》的知识，但要作专题演讲，差距太大。

第三，我过去对《易经》也不是很了解，总认为它算卦的成分太浓。而我是不相信算命算卦的。我害怕自己钻研《易经》太深，会"走火入魔"，进去了以后出不来，成为一个"算卦先生"。而且我深知那些所谓的"《易经》算卦""科学算卦"是算不准的。你算准了，是泄漏天机，要遭天谴；你算不准，人家说你胡说八道。

我在演讲中就劝人家不要去算命算卦，特别是不要带自己的孩子去算命算卦。如果实在要去，就去一次，去"裸算"。这里的"裸算"，不是指不穿衣服、裤子，而是身上不带现金，也不带手机，让算命先生为你算卦，算完扭头就走。这时，算命先生可能问你要算命的卦金，你对他说："你这么会算命，怎么没有算到我身上没有带钱呢？"笑话而已，不必当真。

所以，我不研究《易经》，只是觉得它太深奥了，孔子一生研究《易经》，老了后还说："加我数年，五十以学易，可以无大过矣。"孔子这里说的"五十"，不能完全理解为五十岁，还可以理解为他希望上天能多给他几年，继续学习《易经》，从而达到真正能"五十而知天命"的境界。

于是，我征求助理小马的意见，是否接《易经》的演讲任务？小马说："您自己看着办！"

后来，我去作了"学习《易经》的体会""《易经》文化与和谐人生""《易经》与国学智慧"等专题演讲，效果都不错。其中一个重要原因是听众基本上不是专门研究《易经》的，他们并不专业。而且，我讲《易经》，是用专业精神做业余的事情。再有，我的知识面相对比较广，所以，听众大都说"讲得好"，以为我是《易经》专家，误解就这样产生了。

关于《易经》，有人称之为"世界三大奇书之一"，充满辩证哲理、大智慧，本质上是一本"变化"之书。有人说它是群经之首（百经之经），是文化之源、智慧之海，是生命的宝藏，是"百家"之源。

关于《易经》，我一般讲以下三个方面：第一，《易经》的基本情况：谁写的，主要内容；第二，《易经》的重要意义和重要评价；第三，《易经》有五行八卦，六十四条卦辞、三百八十四爻、三百八十六爻辞，这么多内容，我重点讲《易经》的两卦——乾卦和坤卦，重点讲"元、亨、利、贞"四个字。

其实，我作《易经》的演讲，只是普及相关知识，让听众对《易经》略知一二。

一般人学习《易经》，不是专门研究，不是为了给别人算卦，而是让自己的人生更顺利、平平安安，让人生更好、更加和谐美满。

9. 演讲场次最多的专题

从 1988 年在重庆市沙坪坝区图书馆的"星期日讲座"第一次正式演讲开始，到 2024 年本书出版的今天，36 年来，作了几千场演讲，各种演讲题目可能有 100 多个，涉及经济、管理、经营、领导、文化、国学、教育、创新、智商、情商、励志等方面，讲得最多场次的专题是什么？我自己感觉应该首先是责任方面的，如"从责任走向优秀""责任的担当"，估计有 1 000 场，其次是执行力方面的演讲，大概有几百场。

从小学到大学，老师对我们也多次讲到"责任"这个词，在重庆大学的教学中，特别是在重庆大学担任了副系主任、副院长、院长、院党委书记，担任了硕士、博士、博士后导师，我越来越意识到"责任"二字特别重要。

从 20 世纪 90 年代后期起，我就开始进行"责任"方面知识的积累。到 21 世纪初，我开始写作责任方面的书籍，到 2008 年写作完成，书名为《从责任走向优秀》。2009 年，重庆大学出版社出版了这本书。2010 年，《从责任走向优秀》获得了"全国同行业优秀畅销书"，至今，再版、重印了 21 次！

到 2012 年，我又写作并在西泠印社出版了《悟道责任》一书。到 2013 年，我又在重庆大学出版社出版了《责任的担当》一书，也算是对"责任"有一些理性思考和较深的认识。

《从责任走向优秀》和《责任的担当》两本书，不少组织、机构几乎是人手一本。

于是，邀请我作"责任"方面演讲专题的，在重庆、在全国就很多了，这也成了我的"招牌"专题，超过了我的经济专业方面的演讲专题，超过了我演讲场次比较多的"智商与情商"专题，超过我演讲场次比较多的"阳光心态与压力管理"专题，超过我演讲场次比较多的"私人财富管理"和"管理创新""努力提升卓越领导力""努力提升卓越执行力"等方面的专题。

在《责任的担当》的"前言"中，我用了"最美莫过担当人"作为标题，"前言"中有这样的话："责任，担当才是硬道理；一个人，就是因为担当才来到人世间的；担当责任，是人之为人的起码要求；不担当责任，等于没有责任；不落实责任，再强调它的重要性也没有任何意义。"

这段话我在作《责任的担当》演讲时是必讲的。

在作《从责任走向优秀》的演讲时，我会引用习近平总书记关于责任方面的讲话。

我还会引用宿春礼先生所说的："现在的社会并不缺少有能力的人，但每个组织真正需要的则是既有能力又富有责任感的人。"而且，我在三本责任方面的书籍中都引用了这段话。这段话我可能也诵读了 1 000 遍以上。

在演讲中，我多次引用了"共和国勋章"获得者袁隆平院士的话："人的身上最值钱的，是装在脑子里的知识和一颗责任心。"

我要求我的学生，在学校就要养成负责任的习惯，工作后，更是要勇于担当责任。

关于责任的演讲，我自认为是讲得比较好的一个专题。

演讲，就是一种责任！

10. 一些难忘的演讲

第一，2012 年在北京中国国际航空公司作的一场中国宏观经济形势分析的演讲。

当时邀请我演讲的一个中介机构，他们事先发给我一份调查表，要我填好后反馈给他们。这份调查表是这样的：

您喜欢的菜式为？

您喜欢的花为？

您演讲时喜欢喝茶水、咖啡还是白开水？

如果是茶水，您喜欢什么类型的茶？

如果是咖啡，您喜欢喝什么牌子的？

您是否有过敏品？

您对入住的酒店有无要求，若有，则为？

您演讲时是否携带助理？

您的演讲过程中是否需要休息？

您是否午休？

您喜欢自己用餐，还是与其他人一起用餐？

您早餐喜爱的食物为？

您演讲最希望去的城市？

您可接受的出差频率？

您优先选择的出差日期？

您对听众是否有要求（如人数、层次等），若有则为？

您对演讲教具的需求是？

……

我演讲了千余场，这还是第一次也是唯一的一次中介培训机构发这样的调查表让我填写。

于是，我在全国各地作"精细化管理""精细化服务"的演讲时，都要举出这个真实的例子进行讲解。

第二，在重庆某培训学校的多次演讲。

重庆有一所名为"SL"的民营培训学校，他们的校训是"立德、立功、立言"，即"三立"。

全国各地到该校培训的人较多，他们多次邀请我作多个专题的演讲。我的感受是，该校的成人培训，应该是我在全国，包括在重庆当地演讲组织得最好的（没有"之一"）。

比如，在培训班的教室外，有几块较大的展示板，上面有与培训主题有关的警句名言，包括习近平总书记的一些话，给人文化氛围很浓的感觉。

比如，开班上课之前，先用半天时间让学员学习礼仪和注意事项。

比如，统一着装参加培训学习。

比如，要求每次上课都要提前集体整队有序地进入课堂。

比如，进了教室，上课时，全体起立喊"老师好"；下课时，全体起立喊"老师辛苦了""老师再见！"

比如，每个人的茶杯在桌子上放成一条线。

比如，坐姿有统一要求。

比如，上课前学员先上洗手间，先接好开水，手机调为静音模式，老师上课时，学员不能随意走动，不能接开水，不能进出教室接打电话等。所以，这所"SL"培训学校的办学，真正践行了"立德、立功、立言"！

这样的培训学习，学生听得舒服，老师讲得也舒服。

第三，一次反面典型的培训。

2021年重庆一所知名高校组织的培训，学员是东部发达地区的某省的税务干部，我演讲的专题是"绩效考核制度"。

一上课我发现：近三分之一的学员在课堂填表，我问为什么这样，有人回答，他们在工作，我无语！

我问带队的干部，参加培训怎么能这样？要工作就不要在教室里培训听课，到其他教室去干工作，否则很影响老师演讲的心情！休息过后的后半场培训，果然那三分之一的人就不在教室了。而那位带队的干部，经常来回进出教室接打电话，有一次竟在教室外接打了近半个小时的电话，我很无语！

出现这种现象，学员有责任，带队的干部有更大的责任，办班组织方也有很大的责任。

第四，让人特别难受的一次培训演讲。

在某重点大学对 SC 省某本科高校的 43 名班主任和辅导员作"从责任走向优秀"的演讲。

我共演讲 3 小时，虽然认真听课的学员都说我讲得好，但是，这场演讲却是我演讲生涯中最难受的一次！

难受之一：

上午 9 点正式演讲，但是，到了 9 点，教室里只有三分之一的学员。我准时演讲了。其他学员陆陆续续来，像赶集似的；演讲到一半，还有人往教室里走；演讲完成后，还有约 10 个学员没有到教室。我惊愕了：这是大学里的班主任和辅导员吗？怎么会这样呢？

难受之二：

有一位 30 多岁的男学员，在我演讲的半个小时内，竟然进出教室打接了 3 次电话，我又惊愕了：大学的班主任、辅导员上课能有这样的行为吗？

难受之三：

坐在教室右后方的两名年轻女老师，估计长得很漂亮，为什么是"估计"？因为我演讲了一个多小时，她们居然一直低头没有抬头看我一眼，她们在干什么？玩手机！我又一次惊愕了：她们可是大学的班主任、辅导员，在课堂上怎么能这样呢？

难受之四：

有一位年轻女老师，二十五六岁的样子，长得很漂亮，但是，她坐着听我演讲的姿势让我很不舒服：她是"瘫坐"在座位上的，而且双腿叉得很开，极不雅观！我又惊愕了！

以上四个方面，虽然对我这个演讲者来说是难受了一些，但是，可否进行一次灵魂拷问：

这些老师的师德师风何在？

这些老师在学校是怎么为人师表的？

关键他们是高校的班主任、辅导员，他们是怎样带学生的？会将学生带到哪里去？

家长们把孩子送到学校，他们能放心吗？

这所学校的领导是怎样进行师资队伍建设的？

虽然这种现象的学校、这样的班主任、辅导员只是少数，但是，其他高校有这种现象吗？占多大的比重？

这也从另一个方面说明，强化师德师风建设太重要了。

11. 多次演讲留下的遗憾

有人曾经问我："教授，您作了几千场次的演讲，有什么遗憾没有？"

我回答说："有。"

遗憾肯定不少，比较大的遗憾有以下几个方面。

第一，从演讲的地域讲，没去国外演讲过。一方面是我的外语不好，张不开嘴；另一方面，我的学识和演讲内容还达不到国际水平的要求。国内的西藏、宁夏、台湾和澳门地区还没有去演讲过，很遗憾！

我去香港作过两次演讲。香港一所大学的吴院长和梁院长先后两次邀请我去演讲。吴院长还邀请我到他家里去玩耍。在吴院长家的客厅里有一幅画，上面画了三个物件：一个人骑了一匹高头大马，一个人骑了一头毛驴，一个人推了一辆手推车，下面有四句打油诗，我觉得很好，就把这首打油诗默默背下来，后来写进了《修炼阳光心态》这本书中。这首打油诗是这样的："人骑骏马我骑驴，仔细想来总不如。回头看见推车汉，比上不足比下余。"

澳门一所大学的校刊聘请我当了该校刊的顾问，把我的名字写上了每期的杂志，但是，我并没有在澳门演讲过。

我盼望以后到台湾去演讲一次，否则，会终生遗憾的！

第二，我有100多个演讲专题，经常有人邀请去演讲某些专题，比如，讲得最多的是"责任""执行力""领导""管理""情商""财富""阳光心态"等等。这些专题中，有的专题可能已演讲达好几百场。

但是，比较遗憾的是，我有几个演讲专题，自己认为是很不错、很有听点、很有价值的，但邀请我演讲的人却比较少！真所谓"待字闺中无人识""酒香也怕巷子深"。

比如，关于孝道文化方面的演讲专题，它既是中华传统文化中的经典，也是一个非常重要的社会问题。我自认为是一个孝子；我的姐姐和妹妹都认为我是孝子；我夫人也认为我是一个孝子，她甚至说了，我就是很爱你孝顺父母这个优点。我用我自己对老母亲孝敬的言行和对中国孝道文化的研究来作孝道文化方面的演讲，并在重庆大学出版社正式出版了时长 3 个多小时的、很感人的演讲光盘——《中华传统文化之孝者天助》，可惜邀请我作孝道文化方面演讲的并不多，不超过 10 场，拥有我的孝道文化方面演讲光盘的人也不多，不超过 300 人，遗憾！

另一个专题是关于党史方面的。在 2021 年中国共产党成立 100 周年时，作党史方面的演讲是一个热门专题，我也做了精心准备。

对党史方面的演讲，我备课很认真，体系是我自己精心编排的、是原创性的，具体如下：

中国共产党的历史，就是一部为了夺取政权、建立新中国、执掌好政权的历史。

中国共产党的历史，就是一部为人民谋幸福的历史。

中国共产党的历史，就是一部为党为人民奉献牺牲的历史。

中国共产党的历史，就是一部党的队伍不断发展壮大的历史。

中国共产党的历史，就是一部人才辈出、理论成熟的历史。

中国共产党的历史，就是一部党的事业"苦难辉煌"的历史。

中国共产党的历史，就是一部以马克思主义为指导思想的历史。

中国共产党的历史，就是一部坚决反腐败的历史。

中国共产党的历史，就是一部创新创造的历史。

中国共产党的历史，就是一部不断学习进步的历史。

不仅是这个体系的独特，其实，每一个标题我都要展开讲，有很多史料，有很多故事，也有文采，还有金句妙语，应该是有知识量、信息量、价值量的一个党史学习教育专题、是很感人的一个演讲专题。但是，邀请我作党史方面演讲的机构并不多，总共没有讲到 10 场，可惜了，遗憾！

不少人一提到曾国平教授，想到的是我作经济、管理、领导、情商、责任、执行、文化等方面的演讲是强项，他们并不知道我演讲党史也是不错的，是思维定式作怪呢！

第三，在我几十年的演讲生涯中，在我的100多个演讲专题中，在我所作的数千场演讲中，绝大多数人是认真听演讲的，也是很珍惜听演讲的机会的。但是，总有一些场次的演讲，有少数人，无论老师讲得好不好，他就是不听，在课堂上心不在焉、魂不守舍，人在心不在，"隐性逃课"。要么上课接打电话，要么上课看手机上的各种信息。不仅是对演讲者的不尊重，更是对自己的不尊重。要知道，手机上的信息再好看，为什么一定要到课堂上去看呢？为什么不在课后看呢？如果这些人自己有孩子，孩子上课也玩手机，他们在教室外看到自己的孩子在课堂上的这种表现，难道心里不感到难受和气愤吗？

父母是一面镜子，照出了儿女的样子；儿女是一面镜子，照出了父母的样子。有一个调查结果：孩子身上的一些问题，70%左右能在父母身上不同程度地找到原因，所以，"孩子有病，应该父母吃药"！

作为一个演讲者，有这样那样的遗憾，其实也是正常的！

演讲，即遗憾！

演讲的艺术，就是一门永远都有遗憾的艺术！

人生，即遗憾！

其实，也不遗憾，何必遗憾呢？

12. 因演讲的感动和被感动

人，是有感情的高级动物。人的一生，总有被一些人事感动的时候，总应该感动别人才好。而且，感动和被感动是双方的，有时是同时产生的。

我的那么多场次、那么多专题的演讲，感动过不少人！

1988年的第一场正式演讲，在沙坪坝图书馆的"星期日讲座"，就感动了一个外地听众，他专门写信给我，说我的演讲"达到了国家级水平"，我被感动了。

我在中央电视台《百家讲坛》作"智商与情商"的演讲，感动了不少人，有不少人来信谈感受感想，还有的老师组织全班学生看我的演讲光盘。

在全国，包括在重庆的演讲，有不少听众现场就能被感动（从他们听演讲的状态和表情、举动看出来了）；有许多人发来微信帖子给我谈体会感想，对我进行了鼓励，说很受教育、很感动！

有不少人爱蹭我的演讲，其中有教师、公务员、退休人员、企业家等等。来自武汉一所高校的两位女士，是学院的党团书记，她们跨越几个省，跟着听了我几场演讲，很感人！

我的亲人、家人、亲戚中有很多爱听我的演讲！我夫人听我的演讲很多；我父亲在1989年就逝世了，未能听我的演讲，我母亲虽然没有现场听过我的演讲，但是，她看过我不少演讲光盘，虽然她不是每句话都能听懂，但每每看我倒放光盘上的演讲，她都看得很认真，演讲听完后，母亲经常为我点赞，夸我讲得好。得到母亲的表扬，我是很高兴的！

我的岳父，一位参加过淮海战役的解放军营长，听过我的演讲；我的岳母，一名老党员，在近90岁高龄、头发全白了的时候，几次听过我的演讲，她老人家是我的忠实粉丝；我的两位亲家听过我的演讲；我的大姐、大姐夫、二姐、二姐夫、大妹、大妹夫、小妹、小妹夫、大嫂、内弟、内弟媳、几位侄儿侄女都听过我的演讲，我的儿子、儿媳听过我的演讲。

我的儿子是英国留学的正牌硕士研究生，学的是管理专业，他喜欢听我的演讲，也多次听我多个专题的演讲，并为我主编了6本公开出版的书籍，合作编写出版了4本书籍。

我的大妹夫田茂明，曾经在西藏当了10年兵，在部队担任过连长，后在中国人民银行工作，退休8年来，蹭我的演讲最多，可能有两百场次了。他听我的演讲，每次都很认真，有的专题听过10多遍，还是饶有兴趣地认真听，每次都带笔记本记。他还说："哥哥，同样的题目，您每次都增加了新内容。"他还把我演讲中的经典语句记下来背诵，并在他写的不少文章和诗作中运用，真是感人呢！

感人的还有，在大多数演讲的课间休息时，我的助理小马都要将我的一些书籍和演讲光盘摆到现场，供一些听众选购。听众认可了我的演讲，也就想拥有我的书籍和演讲光盘，他们排着队让我签名题词，排着队拿着书与我合影，让我过了把"明星瘾"，感人得很！

可能遇到过上百次这样的场景：有的男士或女士，想为他们的父母买我写的书，一般是购买《修炼阳光心态》和《让生活爱我》这两本书。这时候，我一般都会站起身来，含着热泪与这些听众握手，向他们敬礼，并要求他们代向其父母问候！有人甚至夸张地说："当今的社会，写书的人比买书的多。"有的人下馆子500元不心疼，打麻将、斗地主，输个千二八百不心疼，要买一本书，几十元钱，就囊中羞涩了。当然，给爸爸妈妈买书的人就少之又少了！

有一次，一位陈姓女听众在演讲课间为她的母亲购买了我这两本书，让我为她的母亲赵女士在书上题词。据她所言，她的父亲逝世了，她的母亲是小学老师，退休在家，有些抑郁。她要买《修炼阳光心态》和《让生活爱我》这两本书送给母亲，希望母亲看了书后心态阳光、生活幸福，我当时泪目了，被她深深感动了！

在2021年的一次演讲课间，一位女士为她正在医院住院的90岁的老父亲购买了当年的新书——《情之深深：曾国平文化作品选》，说是让老父亲在医院里阅读。据她所言，她的父亲喜欢读书，我当场被深深地感动了！

还有一些听众，先后购买了我所有书籍和演讲光盘。一位杨姓重庆女听众，是一位博士、一位有职务的干部，于

2021年12月16日下午在重庆大学听了我的"做一名优秀的中层干部"的演讲后，对我的演讲给予了较高的评价，并当场购买了全套11本书籍和全套7部演讲光盘，另外还加购了一些书送给朋友，事后她还在微信上与我长时间交流心得体会，我真的非常感动！我想，这个社会，热爱读书学习的人还是有的！

但是，一次亲身经历对我有一些打击。那是2021年上半年，我受邀到重庆三峡库区去作一天的演讲。在重庆火车北站候车时，我随身带了一本书在火车站阅读。读了一个多小时的书，通知检票进站了，我合起书来，起身一看，整个火车北站，候车的人差不多有两千人，但基本上只有我一个人在读纸质的书。我当时感到好孤独啊！同时，我也自己感动了自己，毕竟还有我在读书呢！

我的作品，经常是先朗读给自己听，不能感动自己，怎能打动别人？

我的演讲，有的场次演讲多了，对演讲的内容自己也深信不疑，深受教育。俗话说："谎言重复一千遍，便成了真理。"况且我讲的东西并不是谎言，而是正能量的真理，多次重复演讲，就一次次地感动了自己！

要成为演讲者，成为一名优秀的演讲者，他的演讲，一定要能够感动别人、要能够被别人感动，还要学会自己感动自己！

第五章 《百家讲坛》演讲路

在我的演讲生涯中，走上中央电视台《百家讲坛》栏目进行演讲，而且两上《百家讲坛》演讲，这既是我一生的荣耀、荣幸、荣光，也是我演讲道路上的一个里程碑。其实，这也是很平常的一件事情。

《百家讲坛》是中央电视台科教频道于 2001 年 7 月 9 日开播的讲座式栏目。栏目宗旨为"建构时代常识，享受智慧人生。选择观众感兴趣、前沿、吸引人的选题。追求学术创新，鼓励思想个性，强调雅俗共赏，重视传播互动"。

栏目选材广泛，涉及文化、生物、医学、经济、军事等各个方面，现多以文化类题材为主，较多涉及中国历史、中国文化，具有科普历史知识及深入点评讲解的作用。

《百家讲坛》第一讲，主讲人是著名物理学家、诺贝尔物理学奖获得者杨振宁教授，他主讲的题目是"美与物理学"。

我在《百家讲坛》的演讲播出，第一次是 2003 年 6 月 6 日，题目是"创新思维与创造力的发挥"，当时只有一集。那时《百家讲坛》的演讲者，很少连续多集演讲。

我在《百家讲坛》的演讲播出，第二次是 2005 年 9 月 13 日、

14 日、15 日、16 日，一共四次，题目是"智商与情商"。第一讲是"智商之花为谁开"，第二讲是"掀起情商盖头来"，第三讲是"智商情商手拉手（上）"和"智商情商手拉手（下）"。

其实，我第一次走上中央电视台《百家讲坛》进行演讲，是非常偶然的，而第二次再上中央电视台《百家讲坛》进行演讲，既是偶然，也有一些"必然"。

2002 年初，当时重庆大学的唐副校长与《百家讲坛》编导小王女士在聊天时，谈到中央电视台有一个《百家讲坛》栏目是专门邀请国内一些知名学者进行专题演讲的。唐副校长便对王编导讲，我们重庆大学有一些老师讲得很好，推荐重庆大学的一些老师到《百家讲坛》演讲，王编导听进去了。

2002 年底，王编导一行人带着器材，来到重庆大学拍摄，其实也算是"海选"。重庆大学推荐了 10 位老师进行了不同专题的演讲，都在重庆大学进行了现场演讲、现场拍摄。

我当时报了两个题目及其演讲稿，一是"创新思维与创造力的发挥"，二是"学知识更要学会做人"。王编导他们让我讲第一个题目。

在重庆大学国际会议厅，几百名学生在下面听，我习惯性地用 PPT 的方式进行演讲。

虽然是中央电视台拍摄，但我并不怯场；虽然我上中央电视台的节目是首次，但我在重庆市的几家电视台都做过多期节目，特别是重庆卫视的《龙门阵》栏目，当时是一个很有影响、收视率较高的栏目，我做过 3 集的主嘉宾，每集时长是 30 分钟左右。还有重庆市的一些电视台经常让我评论经济和社会问题，差不多也有几十次，这都为我在中央电视台的镜头面前演讲不怯场打下了一定的基础。

中央电视台《百家讲坛》栏目摄制组到重庆大学拍了我的"创新思维与创造力的发挥"演讲后，没有马上播出，我当时不知道后期制作的难度和周期，而且他们的责任心很强，要求很高。我几乎都忘记了这事。

2003 年 6 月 6 日中午，中央电视台十频道播出了我在《百家讲坛》的演讲。事先无人通知我，我并不知道要播这个节目，也不知道播出的时间，是其他人看到了后打电话告诉我夫人的。

晚上又重播了一次这个栏目。

当时中央电视台《百家讲坛》栏目并不火，收视率并不高，影响并不大，加上又只演讲一次，只播出了一集，一集只有 38 分钟，所以，很多人并没有看到我的第一次《百家讲坛》演讲。

这是我在《百家讲坛》演讲的处女作。

当时我既兴奋，也对自己的演讲表现不太满意——我本应该讲得更好一些的。

我收到全国一些观众的信、电话，有的是赞扬，有的与我进行讨论，还有的是鼓励。

让我感动的是，山东省枣庄市人事局的王局长，是名女同志，她看到了我的演讲，便派了她的"副手"、一位郑姓副局长，专程到重庆来请我到枣庄市为党政干部作一次"创新思维"的专题报告。事后王局长讲，是因为那天她工作忙，晚上很晚回家，躺在床上，打开电视，看到了我在《百家讲坛》的演讲，但只看到了后半段，认为很好，就派人到重庆邀请我了。

我去了山东枣庄，作了演讲。

据中央电视台《百家讲坛》的工作人员讲，"创新思维与创造力的发挥"的收视率还可以。

2004年底，我收到了一封电子邮件，是中央电视台《百家讲坛》的孟编导发给我的。他说，《百家讲坛》栏目组要改版，决心把《百家讲坛》栏目打造成"中国第一演讲品牌"，主要定位在历史和文化方面的专题，问我是否愿意继续演讲，我的回答是肯定的！

当时我报了两个演讲题目：第一，智商与情商；第二，沟通协调。

孟编导他们选了"智商与情商"这个话题。

我把演讲稿发给了孟编导，是一集的，因为他们在改版前的规定是，演讲者一般只讲一集，演讲者一般不重复出现。

在我去北京到中央电视台拍摄的前两个月，他们要求我讲4集，我按要求写出了演讲稿，现在看来演讲稿比较粗糙。

经商定，我 2005 年 1 月 12 日在北京五棵松"影视之家"住下，去拍摄演讲节目。

冬天的北京，干冷，好在屋里有暖气。

我是第一次在五棵松"影视之家"住下，令我兴奋的另外一件事发生了：

我在"影视之家"食堂吃饭见到了"现场版"的赵本山、范伟等好多知名演艺人员，这么近距离地见大明星，实属不易，当然好奇、兴奋！虽然我并不是"追星族"，没有年轻人那么热血沸腾，但我几次去吃饭都见到这些知名演艺人员也在那里吃饭，难得！原来，他们在排练春节联欢晚会节目。在那里，没有更多的人对他们特别热情，因为"星"太多。我又不好意思表现得对他们异常热情，怕自己"老土""掉价"。但是，每次吃饭我都选择了一张面对他们的桌子，就这么近距离地让"星之光"照耀在我身上。

真是令人难忘！

又等了 8 个月，这一次是孟编导通知了我播出时间。

电视报也作了预告。

因为中央电视台《百家讲坛》是 4 集连播我的"智商与情商"，所以，这次播出后，给我写信的、打电话的、发电子邮件的，比上次作"创新思维与创造力的发挥"的演讲后的要多得多，讨论的范围也广得多，绝大多数人持肯定和鼓励态度。

也有想与我讨论和给我提建议的。如一些好心人对我讲，说我在演讲时太爱看演讲稿了（我对稿子的确不熟悉，经验也不足）；还说我的普通话不标准，动作手势多了。

据说，这次收视率还可以。

2006年4月中旬，中央电视台四频道重播了那4集"智商与情商"，不少人收看了。

我又收到了一些来信、电话、电子邮件。

令我感动的是，中老年观众与我讨论的，基本上是怎样用情商教育孩子、教育员工和自我教育等问题。

河南开封的一位民营学校的校长，专程到重庆见了我，他的学校对中小学生进行情商教育已多年，他专程到重庆与我交流情商教育问题。

武汉一所重点高校的党总支副书记王女士与分团委书记刘女士一起，在2006年跟踪我在全国的一些演讲，专程到江苏南通市和盐城市听我演讲"管理创新""沟通协调""团队与情商"，还向我介绍了她们对大学生进行情商教育的一些情况。

大连万达总部邀请我去作关于情商的演讲，耗时一天。

其间，中央电视台二频道一个叫《今晚》的栏目，还专访了我两次，每次20分钟左右，与主持人高博共聊智商与情商和创新问题，并都播出了。

2006年4月初，我在《百家讲坛》又拍了几集节目："幽默沟通"。

令我再一次兴奋的是，这一次我在五棵松"影视之家"见到了《百家讲坛》的两位"大家"，其中一位是王立群教授，他们也是去拍片的，我很荣幸地与他们共进了晚餐。

后来，"幽默沟通"没有在中央电视台《百家讲坛》播出，但是，北京大学音像出版社为我出版了演讲光盘，在全国公开发行。

再后来，我将中央电视台《百家讲坛》的两次演讲出版了书籍：一本是中国法制出版社出版的《智商情商手拉手》，2007 年出版，首印 3 万册；一本是由重庆大学出版社于 2009 年出版的《让思维再创新》，多次再版、重印。

我还出版了《员工与智商情商》《领导与智商情商》《管理与智商情商》《培养高情商孩子》《情商成就孩子未来》等关于智商情商方面的书籍，另外出版了两套用情商教育孩子的演讲光盘：《培养高情商孩子》和《如何提高孩子的情商》。我在全国作了关于智商情商和教育孩子情商的演讲数百场次。

回首我的《百家讲坛》之路，几多感慨感叹，几多惋惜遗憾。

感慨感叹的是，我只是一个乡镇上出生的孩子，没有任何"后台""关系"，能在重庆大学当教授、博导、院长、院党委书记，上《百家讲坛》演讲，我何德何能？这完全是重庆大学这个平台让我发挥了我的潜能，如果不是重庆大学，谁认识我，谁会推荐我上《百家讲坛》作演讲？

再就是中央电视台《百家讲坛》选拔演讲者的机制，也算是"不拘一格选人才"吧！当然，我也从内心感谢中央电视台《百家讲坛》的制片人万先生、编导小王女士和编导孟先生。

除了感谢许多听众给我提出善意的建议，我还想到了，我当年在重庆和全国的一些演讲，为到《百家讲坛》演讲打下了基础，而且与我以前比较喜欢读书、知识面相对较广也有一定的关系，这也许就是一些"必然"吧！

在多次演讲中，我都讲了这样一个公式：成功 = 机遇机会 + 勤奋努力，二者缺一不可。

惋惜遗憾的是，我的两次《百家讲坛》演讲，不如我意，本可以讲得更好、更广泛一些。如果以我现在的知识面和演讲水平，就那两个同样的专题，也许会讲得更好一些！

现在回头看，当时的知识面、知识的积累还是很不够的，当时的演讲能力和演讲水平还是比较欠缺的。

据说中央电视台《百家讲坛》一位很知名的、演讲非常好的王教授，有一次到重庆来演讲，说了一句令人费解的话："我为《百家讲坛》读《史记》、读《宋史》等了40年了。"

这位王教授的话为什么令人费解？主要是40年前谁知道有《百家讲坛》？中央电视台《百家讲坛》这个栏目自2001年诞生到2024年，也才23年，哪有40年？王教授怎么可能在40年前就知道未来的《百家讲坛》呢？

1978 年我考入重庆大学读本科时，做梦都没有想到之后会在重庆大学担任院长、院党委书记职务，也没有想到会在重庆大学当二级教授、博士研究生导师，更没有想到之后会发表近千万字的作品、会两次到中央电视台《百家讲坛》作演讲！

我们都有"未来"，但是，我们并不知道"未来"什么时候来，以什么方式、什么面貌来。也许，这恰恰就是"未来"的魅力所在！

我倒是认为王大教授的这段话很好理解，为什么？

40 年前王教授并不知道自己今后会多次上中央电视台《百家讲坛》作演讲，并讲得这么好，但是，他刻苦努力读书学习，做了知识和演讲能力的准备，《百家讲坛》一来，他就上去了。

"机会总是眷顾有准备之人！"

其实，我们中国处处有"百家讲坛"，工人、农民、医生、教师、干部、军人、警察等，只要勤奋努力，只要做好准备，就会登上自己这个行业、这个职业的"百家讲坛"！

走好演讲路！

走好人生路！

"你一定能登上自己的'百家讲坛'！"

"没有比脚更长的路，没有比人更高的山"，认准了的道路，一往无前，义无反顾！

下篇 经验乎 艺术乎

几十年的演讲生涯，走在几千场的演讲道路上，有经验，有心得，有遗憾，有教训，有方法，有技巧，有技术，有艺术，有苦累，有快乐！

演讲往事可回首，毕竟演了、讲了、演讲了，不枉人生走这一遭；演讲的当下应当尽心尽力，毕竟演讲是一份责任活儿，必须担当；演讲的未来无常无涯，毕竟有最后一场"收官之讲"，什么时间？什么地点？什么题目？不管它！

在演讲的道路上兀自走下去，勇往直前！

第六章 "一个根本"为演讲

演讲，成功的演讲，贯穿全过程的都是满满的"爱"，这就是演讲的"根本"！

要想成为一名有一定造诣、一定成就的演讲者，最简单的一点，也是最根本的一点，就是一个字："爱"。

只要心中有爱，无处不是讲台。心中有了真爱，演讲定会精彩。

什么是"爱"？就是喜欢人、事物、活动、职业等等，达到很深的程度，是喜欢和认同的高度升华，是灵魂的共鸣，继而愿意为之付出特别真挚的感情，献出自己的身心，甚至献出生命。

爱，是人的精神所投射的正能量，是一种发自内心的情感。

因为爱，所以就尊重、珍惜，甚至尊敬、崇敬、敬畏、敬仰、敬献、奉献。

2016 年，我在重庆大学出版社出版过一本我自己也很喜欢的畅销书：《让生活爱我》。

这本书的书名看上去就有些与众不同。一般大多数人说的是"我爱生活"，但是，我这本书却反过来写，要让生活爱我，说它是逆向思维也可以。

生活犹如一面镜子，你对它笑，它才对你笑。同理，你热爱生活，生活才可能爱你；你的素质素养高，你的能力强，你的业绩优异，生活当然就会爱你，否则，生活就会爱别人。

立志从事演讲，并且希望自己的演讲成功的人，首先是有始有终的，必须对演讲产生爱，要有真爱，要热爱演讲。

演讲有方法与技巧，更是一门艺术。热爱演讲者，如同老艺术家，执着于艺术、痴迷于艺术、醉心于艺术、献身于艺术一样。

歌唱家、国家一级演员耿莲凤说，她特别热爱演唱事业，把它当作毕生追求。她说："三天不演出，浑身不舒服。"

演讲者对于演讲也应该如此。

无论是专业的、职业的演讲者，还是业余演讲者，既然选择了演讲，愿意为演讲付出时间、精力，就应该无条件、无理由地热爱它。

我在多次演讲中讲过这样一句话："你所爱的东西，不一定都能拥有。"

街上跑的许多豪车，比如法拉利、宾利、劳斯莱斯，我都非常喜欢，会开车的人，大都喜欢好车、豪车。但是，这些豪车，我都能拥有吗？没有可能性！

比如，不少女艺人很漂亮，一般的人，能够进入她们的

"法眼"、能够博得她们的"爱"吗？爱和被爱都是双向的，都是需要一定能力的。

"但是，你所拥有的东西一定要好好地去爱它。"

一个人，如果你现在拥有自行车、摩托车、普通小车，就好好地爱它们；你现在拥有平凡的家庭，如父母、丈夫、妻儿，就好好地爱他们；珍惜现在拥有的，爱我所拥有，爱我所爱！

演讲也是同样的道理，如果你选择了演讲，愿意进行专业或业余演讲，即使一开始并不喜欢它，但是，逐渐地就应该由不爱到爱，到热爱，再到酷爱；即使一开始不爱，也要尽量把演讲做好，做得更好。

演讲是有灵性的！你爱演讲，演讲才可能爱你。

因为爱演讲，你才可能全身心地投入时间、精力，才可能尽自己所能、尽心尽力把演讲做好。

爱是有温度的。对演讲要充满热血，要有满腔热情。如果演讲者在演讲时懒洋洋的、冷冷淡淡的，怎么可能做好演讲？

爱是有深度的。对演讲要深深地爱、深情地爱。在态度、程度、力度、高度、广度、深度上体现出对演讲的爱。

热爱演讲到了什么程度？具有演讲的情怀，生命中流淌着演讲的血液，身体上散发出演讲的气息。演讲成了自己生命的一部分。

爱之深，才有情之切；爱之真，才有意之浓。只有如此，才可能不顾一切地爱：爱到忘我，爱到"物我两忘"！

第一，演讲中忘记"物"，这是演讲的高层次。

物，这里指的是钱财、物质。大多数热爱演讲的人，不是通过演讲发大财的。当你站上讲台演讲，忘记了演讲是否有报酬、报酬的多少，而是沉浸在演讲中，这就是演讲的"忘物"。

2022 年 2 月 22 日，我在海南三亚避寒度假，作了一首小诗《春日三亚赋闲遐想》：

岁月，不会泯灭梦想；

年轮，是大树的强壮。

哪管它，满头鬓发布了霜；

我这里，内心炽热比太阳更光。

只不过，它记载了历史的沧桑；

恰一似，它奏响着生命的绝唱。

也曾梦里百花盛开，

也曾梦里沙滩海浪。

梦中，仙乐绕梁；

梦中，羽衣霓裳；

梦里，儿孙绕膝欢歌连连；

梦里，夫人如花笑意洋洋；

梦里，老母似佛白发慈祥；

梦里，恩师教导常在耳旁。

那是同样的梦，

却有不同的想。

插上的却是，

不同的翅膀。

我这里年近古稀，

已经没有仗剑天涯的能量。

偶尔奋笔，

也作演讲。

岂是为了那，

烟火浓浓的散碎银两？

梦想的第一位，

你我必须身体健康；

还有天伦之乐，

常与亲人细诉衷肠；

随笔散记，与微信好友分享；

饮茶品茗，静谧如走进天堂；

半盏杜康在手，依稀当年酩酊的豪爽。

在回忆的长河里，

一朵朵浪花都成了烟云过往；

在当下的现实，

一顿顿米饭竟觉得仙品幽香；

在憧憬的未来，

一幅幅画卷恍然是天国辉煌。

几回回睡梦中，

用蹒跚的脚步把岁月丈量；

一次次冥想状，

用思绪的风帆为青春启航。

梦想里，每每在幸福中徜徉；

呢喃着梦语，

祝愿亲朋好友吉祥，

美梦成真，

祖国繁荣昌盛富强。

放飞了，大美的梦想；

梦醒了，扭住青春不放；

却原来，那是永恒的希望。

在这首小诗中，就有"偶尔奋笔，也作演讲，岂是为了那，烟火浓浓的散碎银两"几行诗句。

我的这几行诗句要表明什么问题？演讲不仅是为了报酬，还有更高的要求和追求。

其实，许多演讲者特别是一些知名的演讲者，并不是每场演讲都是义务的，但是，他们中的许多人，都把演讲作为一种首要追求，物质方面往往是其次的。

就我自己而言，物质财富还没有达到"自由王国"的境界，也希望演讲有报酬，甚至有更高的报酬。但是，通过几十年的演讲，我还真真地做到了把演讲作为一种乐生需要的门槛，快跨进去了！

第二，演讲中忘记"我"。就是在演讲中进入一种"无我"的状态，是一种演讲的高境界。

《庄子·齐物论》中讲了："非彼无我，非我无所取。"

习近平总书记就有这样的金句：我将无我，不负人民。我愿意做到一个"无我"的状态，为中国的发展奉献自己。

显然，习近平总书记这种"我将无我"，就是对中国、对中国人民无限的热爱。

就像邓小平同志多次讲过："我是中国人民的儿子，我深情地爱着我的祖国和人民！"

这种热爱已经超然物我，达到了很高的精神境界，把为人民谋幸福，把实现中华民族的伟大复兴，当作自己的责任和担当，这是一种真正的爱和热爱。

对于演讲，我认为完全可以向伟人们学习，以达到这种境界。

当你的演讲给听众带来知识的获取和学习的进步以及精神的愉悦、快乐的享受，获得了许多点赞、鼓励时，其实，你自己也进步了，你的身心也愉悦了，也通过演讲享受了。演讲，这么快乐的事，你没有理由不爱它、不热爱它！

在演讲中进入"忘物""无我"的状态，显然是对演讲发自内心的真挚的爱。有了这种爱，演讲哪有做不好的？

一位演讲者，怎样爱演讲？怎样热爱演讲？

1. 职业化

职业化，是一个世界趋势，做工作应该职业化。如职业演讲者、职业医师、职业律师、职业军人、职业演员、职业作家、职业司机、职业工程师、职业运动员、职业会计师、职业经理人等等。是不是职业化的人，有时一看便知，"行家一出手，就知有没有"，职业化的人士干出来的活儿，大不一样。

职业化的人士，具有职业修为、职业素质素养、职业道德、职业操守，遵守职业规则，经过职业训练，就具有职业技能。

职业化的重点要求就是专业化。闻道有先后，术业有专攻。职业化的人士，是专攻某一行的人，是专家，具有某方面的专长、特长。

当然，职业化的人士，既然把这项工作当成了职业，他要以此职业谋生，获得收入，并且养家糊口，甚至走向富裕。

演讲者，包括许多在课堂上教学的演讲者，就是这样一种从事演讲的职业，是三百六十行中的一行。

不是职业演讲者、职业教学者的人士，他只是喜欢演讲，是业余演讲者，怎么办？只要喜欢演讲，只要是在从事演讲，也必须像职业演讲者一样热爱演讲。

我在 2021 年 4 月出版的一本书《情之深深：曾国平文化作品选》的前言中，主编张祎女士有一句这样的话："用专业的精神做业余的事情。"如果把这句话用在业余演讲者身上，也是很适合的。

如果只是把演讲当作一种职业、一种挣钱的手段和行当，那么，他的演讲是上不了档次、层次的，达不到"物我两忘"的境界，不能因此获得高尚的精神享受。所以，演讲应该职业化，但是，只有职业化还不够，还必须更进一步。

2. 职业升华为事业

"我为职业痴，我为事业狂。"古往今来，为了事业献身的人太多太多！

什么是"事业"？

《易经》中说了："举而措之天下之民，谓之事业。"

意思是说：做了自己喜欢的好事，又帮助了他人，这就是事业。

事业，说大了去，就是做于国于民、于社会于别人有益的事情和活动。

事业，说小了去，就是每个人所从事的工作，它与国家、社会的大事业相联系。

职业和事业是有很大区别的。

职业，主要是本职工作，重在收入、养家、生活，今天干了明天不得不再干，可能是被动地工作、无可奈何、不得已而为之。

事业，不仅是通过工作有收入、养家糊口，而且是今天干了明天还想接着干，是"我要干"，对这种工作是一种内生性的自我需要，是一种理想、一种愿景、一种目标，也是人生奋斗的方向。

如果做演讲做到了事业的境界，那肯定是非常热爱的了。

3. 爱演讲者根本是"爱人"

热爱演讲，最根本是"爱人"，因为，是人在演讲，是人在组织演讲，是人在听演讲。

演讲者首先要爱听你演讲的人，如听众。听演讲的人，大都是怀着学习知识的心情和愿望来的。他们有的是牺牲了休息时间来听演讲，有的是放下了工作、克服了工学矛盾来听演讲，是充满了希望来的，希望有所学、有所获。

演讲者既然热爱演讲，就要爱你的听众。爱听众，尊重他们、敬畏他们，认真负责地演讲，拿出你的绝活，使出你的看家本领，用你的高质量、高水平的演讲体现对听众的"爱"。

其次要爱组织演讲的机构和邀请你演讲的人们。许多演讲都是一些机构组织的。这些机构，包括有关组织的培训部门，还有的是一些专业性的培训机构。这些组织、培训机构在聘请讲师时，大多数是比较慎重的。他们对讲师在政治素养和演讲质量上有要求，所以，许多组织、培训机构在邀请讲师作某个专题演讲时，都要对不少讲师进行认真选择比对。有的组织、培训机构则要建立师资库。这既是对组织、培训机构负责，也是对听众负责。

作为演讲者，一旦某组织、某培训机构的组织者邀请你演讲了，而演讲者又承诺作演讲了，就要认真负责做好每一场演讲，不辜负组织、培训机构和邀请者对演讲者的邀请和厚爱。当然，演讲者倾情演讲，就是对组织、培训机构邀请演讲回馈的一种"爱"。

再有，演讲者要爱自己。在演讲中，演讲者的一言一行，无不是在展示自己的人品，展示自己的师德师风，展示自己的演讲态度，展示自己的学识才能，展示自己的演讲水平。而三尺讲坛虽小，却是神圣的，演讲者必须认真对待每一次演讲。

演讲者认真负责地演讲，就是一种"自爱"，就是自己在尊重自己，同时，也能获得听众和邀请你演讲的组织、培训机构的尊重与"爱"！

4. 在演讲中实现人生价值

演讲者既然热爱演讲，就要努力寻找演讲的"爱点"，也就是你热爱演讲，到底爱它哪一点？是一个点还是几个点？

如同购买商品，你之所以要买它，一是需要，二是"买点"，那么多同类商品中，你图它哪一点、哪几点。于是，厂家、商家就要根据消费者的需求策划商品的"卖点"、宣传"卖点"。这个"买点""卖点"，也就是购买者、消费者的"爱点"。

因为找到了演讲的"爱点"，演讲者就能理性爱演讲、热爱演讲，持续地、克服千难万险地、执着地从事演讲。

爱演讲要理性，这样的爱，才有层次、有档次。

为什么爱演讲？是因为演讲风光？因为演讲有名有利？是也，非也！

你热爱演讲，可能是因为你爱好演讲，有兴趣，在演讲中能找到快乐，在演讲中能实现自身的价值；因为演讲，你能够交到很多朋友，有一些知音知己；因为演讲，能够提升自己的素质素养与能力，扩大自己知识的深度和广度；因为演讲，集聚了自己灵魂的智慧，调动了自己语言的魅力，展现了自己创造的张力，挖掘了自己的潜能；因为演讲，成就了你的事业心，让你得到了特别的幸福！

记住：演讲并不是索取，是给予，是奉献！

演讲，有很重要的教育功能。在演讲中，既教育了听众，也不知不觉地教育了自己，让自己进步了、完善了。

热爱演讲，这个爱，是有"爱点"的。演讲的"爱点"是什么？最根本的就是价值点，就是听点，就是闪光点、兴奋点、幸福点，就是通过演讲更能实现自己人生的价值，"在演讲中绽放生命"！

"演讲所创造的精神财富，是无法估量的"，这是我说的。

演讲的价值点，既是对自己的价值，也是对别人、对社会的价值。

畅销书《基业长青》和《从优秀到卓越》的作者、美国著名的管理专家吉姆·柯林斯，在36岁时，拜望了85岁的"现代管理之父"彼得·德鲁克，二人相谈甚欢。

后来，有人问吉姆·柯林斯："你与大师德鲁克交谈有什么收获？"

吉姆·柯林斯回答道："别人都在问'我如何成功？'，而德鲁克却在问'我如何贡献？'"

"别人都在追问'我怎么做才能使自己有价值？'，而德鲁克却在问'我怎么做才能对别人有价值？'"

我不止一次在演讲中引用过吉姆·柯林斯的这段话，也把这段话引用到了我的一本公开出版的书中。

有不少人，特别是不少年轻人，总是希望如何如何成功，甚至看了许多成功学的书，听了许多关于成功学的演讲，但是他们往往不知道，最好的成功方法首先是要奉献，是为社会、为组织、为别人作出贡献。人们都知道"水到渠成"这个道理，但是，最简单的道理是："水"要先"到"，"渠"才能够"成"！

不少人，特别是一些年轻人，总是大声嚷嚷要"实现自我价值"，这是对的。但是，他们更应该知道，如同德鲁克所说的那样，要想自己有价值，要想实现自我价值，必须做好自己的本职工作，将职业上升到事业，对社会、对别人有价值，最终才能实现自己的价值。

作者像

　　作为一名演讲者，无论是职业的还是业余的，只有热爱演讲，才能够倾心、倾力、倾情做好演讲，为演讲作出贡献，为听众、社会奉献出演讲精品、佳品、优品，从而实现自身价值。

　　对演讲的这样的爱、热爱、大爱、真爱，就到位了，演讲就成功了！

第七章 "两条主线"作演讲

演讲有多种形式和内容，但是，无论什么样的演讲，从头到尾都贯穿着两条主线：

第一，讲什么。

第二，怎样讲。

一、优化演讲内容，是"讲什么"的真谛

"怎样讲"，只是演讲的形式、方法；"讲什么"，才是演讲的关键、主体。形式、方法再好，如果内容不好，演讲的效果就不尽如人意了。特别是对于一些有一定层次、水平的听众，他们对那些花里胡哨的演讲技巧并不太在意，他们主要看你讲了些什么，这就是演讲中的一句行话："内容才是最能打动人的！"

君不见，有的培训机构的演讲者，特别注重一些培训过程中所谓的"互动"，在培训中有太多游戏，太多让学员或听众相互握手、擦背等，看似热热闹闹，其实没有内涵，实则学不到多少东西。稍微有一些形式也无不可，但是，太多了反而喧宾夺主，让人反感。

所以，演讲的第一位是"讲什么"。

1."讲什么"，首先看主题

许多人邀请我作演讲，我第一个问题是："演讲的主题是什么？"

有的邀请方非常明确地告诉我：讲"师德师风"；讲"提升执行力"；讲"责任的担当"；讲"党史"；讲"宏观经济形势"；讲"企业文化"；讲"管理创新"；讲"卓越领导力"；等等。明确了主题，内容相对比较好确定。

也有的邀请方只说一个大方向，比如，讲素质教育方面的、讲能力提升方面的等等。这种就要与邀请方进一步沟通。比如能力方面，领导者、管理者、员工，不同行业和职业有不同的能力要求，有专业性的能力、特殊的能力、共性的能力等等。能力是一个体系，而有许多能力不在我的演讲范围之内。

也有的邀请方希望演讲者多讲一些内容，要么一个专题中加入许多内容，要么半天时间希望你讲若干个专题内容。这种情况，对演讲者也是一种考验。内容安排多了，什么都要讲，就什么都讲不透，只能蜻蜓点水，反而让人觉得演讲者的水平不高。在这种情况下，演讲者要么实言相告，要么听邀请方的安排："就这么的了！"但要将因涉及内容太多，效果可能受影响的担忧先表达出来。

如同写文章一样，确定了大主题后，就根据主题组织文章的内容，这叫"文要对题"，演讲也是如此。

2. "讲什么"，主要看内容

确定了演讲的大主题后，就进行演讲的谋篇布局。

演讲者在备课时，头脑要特别清醒，俗话说："捡到筐里的东西并不都是菜。"要知道，演讲者在讲台上并不是随心所欲什么都可以讲。

既要紧扣主题，又要清楚什么东西能讲、什么东西不能讲。

比如，演讲的内容必须与党中央的大政方针保持高度一致：必须是正能量的，必须是有利于社会进步、有利于听众身心健康的；负面的东西不是不能讲，但是，讲的比重有多大，讲到什么程度，从什么角度讲，讲了后，怎样分析解读引导，得出什么样的结论，既要放得开，又要收得拢，还要求有纪律性，特别是政治纪律。

在内容的编排上，演讲的品位要高，不能低级趣味，更不能"涉黄"。不能迎合少数人的猎奇心理而煽动对抗社会的情绪。比如，我在作国际形势演讲时就讲道："国家的态度就是我的态度。"必须如此，应该如此！

比如，根据大主题，准备讲几个方面，也就是几个小标题。如同写文章中的二级标题。每个二级标题中又准备讲几个更小的方面，从而形成一个有机的演讲体系。

比如，二级标题、更小的标题确定后，要考虑开场白讲什么、结尾讲什么，这也是"讲什么"的演讲内容特别重要的部分。

一个很好的演讲开场白会立即抓住听众、吸引听众，让大家愿意耐心地听下去。

演讲的结尾也是很重要的，很好的结尾会让听众意犹未尽，有那种觉得还未听够的感觉——怎么就结束了呢？

好的开场白和好的结尾，都没有固定的模式，主要是要根据演讲的大标题、演讲的内容和听众的层次、水平和喜好确定。

有时开场白可以根据内容用提问的方式；有时开场白可以根据内容采用一个案例分析、一个引人入胜的故事。

而结尾也可以用提问、故事、案例、一首诗、一段妙语的形式。

人们常说："兵无常势，水无常形"，演讲的开场白和结尾也是如此。

在作国学、中华优秀传统文化的演讲时，我一般会这样讲："什么是国学？我给大家讲一个故事。"于是，我可能讲孔子、老子的一些故事，也可能讲一个孝道文化方面的故事，让听众去悟。

在作素质素养方面的演讲时，我常常会以孔子的弟子子贡向老师孔子问素养、孔子向弟子讲的故事作为开场白。

在讲领导力、执行力、提高素质素养方面的专题时，我在结尾部分基本上要讲到提高学习力。我会讲，没有学习力，哪有领导力？哪有执行力？学习力是一切能力的源泉，是万力之力，是万力之源。到最后，我会朗诵清华、北大才女杨绛先生的一段名言作为结束语：

"年轻的时候，以为不读书不足以了解人生，直到后来才发现，如果不了解人生，是读不懂书的。读书的意义大概就是用生活所感去读书，用读书所得去生活吧。"

这时候，会有不少听众静静地听我朗诵杨绛先生的这段话，也有人则用手机拍下 PPT 上的这段话。这时，我宣布"演讲结束，谢谢大家"，演讲结束的同时也给人意犹未尽的感觉。

这样的开场白和结尾的演讲内容安排，在大多数情况下效果是比较好的。

在演讲内容的安排上，开场白和结尾固然很重要，但是重点还是在演讲的主体内容上。

第一，首先要确定所有演讲内容的核心。

演讲内容的核心是整个演讲的灵魂，贯穿整个演讲的始终。有时讲的标题就是这个"核心"。

比如，我演讲过近千次的"责任的担当"和"从责任走向优秀"这两个专题，显然，"责任"二字就是整个演讲内容的核心。

第二，演讲的二级标题是骨架。

演讲的二级标题怎么确定，要服从演讲的大标题和主体内容。有时候，邀请方会列出一些演讲的二级标题作为主要内容，但是，大多数情况下都是由演讲者自己确定的。

有的邀请方会要求演讲者事先把演讲的二级标题甚至更详细的提纲发送给他们，让他们知道演讲的主要内容，到底讲些什么。

如果邀请方没有提出演讲内容的要点，这时，演讲者可以主动与邀请方沟通，看他们希望你在演讲中讲哪些东西，特别强调哪些东西，这样，演讲的针对性就更强一些。

在指导硕士、博士做论文时，我对他们讲："学术论文是研究型的，但是，出了社会，只要不是在高校和研究机构工作，一般不要写那些学术性太强的文章。"

特别是给领导写稿子，一般是三段式："是什么""为什么""怎样做"；或者是"问题""原因""对策"，有时也可以是二者混用。

在许多情况下，我的演讲内容、演讲题目确定后，演讲的开场白、结尾确定后，演讲的核心确定后，我也偏好用这种三段式编排演讲内容。

比如，作"努力强化师德师风建设"的演讲时，我一般是这样编排主要内容和二级标题的：

什么是师德师风；

为什么要强化师德师风建设；

怎样强化师德师风建设。

在作"责任的担当"这个演讲专题时，我甚至把这个三段式扩展了：

为何担当；

为谁担当；

何为担当；

担当什么；

怎样担当。

这样的内容编排，演讲起来内容简单明了，听众好懂好记好把握，效果也比较好。

也有不少专题，是同样一个演讲题目，但却可以有不同的内容编排。比如，在 2021 年庆祝中国共产党成立 100 周年时，同样是讲党史，到底讲什么？内容可以有不同形式的编排。

虽然在读大学时学过两年的党史课程，但是，我学的并非党史专业。2021 年也受邀作过几场党史方面的演讲，内容主要涉及了 10 个方面。

这 10 个方面，只是中国共产党党史中的一滴水，但是，这些党史的内容可能反映出了党的辉煌历史。

以这 10 个方面的提纲为主线，我把每个方面的内容再展开，加上许多党史方面的史料和故事，有骨架，有血有肉，既正能量，也有听点，效果比较好！

当然，一个演讲佳品，除题目要有针对性以外，内容也要有针对性，特别是要针对主办方举办本次演讲的意图和目的、针对听众的需求、针对听众的层次水平和接受能力。有的主办方会事先作一些问卷调查，看听众希望听什么内容，有哪些问题需要通过演讲者的演讲回答或解决，继而反馈给演讲者。

有人问：演讲有无禁区？

我的回答是肯定的！

人们常说：学术无禁区，宣传有纪律。

近年来，一些知名演讲者写的书为什么被下架？虽然没有意识形态问题，但可能有些低俗了！

演讲，就是一种宣传教育，应该有一定的禁区。站上讲台，"讲什么"是一个大问题，而且是原则性的问题，不是什么都可以讲，应该有禁区、有底线、有红线、有界限，应该有意识形态要求。比如，有政治纪律，要讲政治规矩；要有道德要求，符合公德、大德、私德；符合中华优秀传统文化的基本规范和习俗；符合社会主义核心价值观的要求。

演讲中提倡雅俗共赏。这里的"俗"，可以通俗，但是不能低俗、庸俗、媚俗、恶俗，更不能站在党和政府的对立面，不能站在人民和社会的对立面，不能在演讲中发牢骚，当"愤青""愤老"。在演讲中不能哗众取宠地引用社会上流行的灰色段子，更不能讲黄色段子，没有考证的一些资料不能引用。

民族问题和宗教问题特别敏感，不是不能讲，但在演讲中一定要特别谨慎地讲，要符合党和政府的民族与宗教政策。

不要在演讲中讲一些领导人的政治笑话，当然更不能有隐含人身攻击的话语。

负面的东西不是不能讲，要尽量少讲，而且演讲的量和角度一定要把握好，要加以引导。

演讲者切记：讲台是神圣的，演讲是神圣的，要敬畏演讲、敬畏讲台！

无论如何，"讲什么"之演讲内容对于一场好的演讲特别重要！

二、讲究演讲方法，是"怎样讲"的要义

一般来说，一场正常的演讲，当演讲内容和演讲课确定后，剩下的事情就主要看演讲者怎样讲了。

同样的一些食材、一些佐料，为什么有的人做出的菜好吃，而有的人做出的菜却难以下咽？主要还是烹饪的方法和艺术，也就是怎样做菜！

同样的道理，一样的题目，同样是 47 035 字的《康熙字典》，同样是 13 000 多字的《新华字典》，大家都要使用这些字遣词造句进行组合，但是写出来的文章和书籍就完全不同；作出的演讲，有的就很中听、很耐听、很好听；有的演讲却不好听，很难听，很不想听下去，甚至让人产生逆反心理，为什么？

除了少数听众素质素养和层次水平达不到要求，无论演讲者讲得好不好他们都不听，大多数还是应该从演讲者身上

找原因。无论内容再好，都有可能是演讲者讲得不好！

"演讲"，教科书意义上的解释就是指演讲者在特定的时间和环境中，借助有声语言、态势语言（肢体语言）的艺术手段，在公众场合发表自己的意见，抒发自己的情感，从而感召听众，使听众有所正向收获的一种社会实践活动。

其实，演讲的方法和艺术是很多的，社会上，这方面的文章和书籍也很多，也有许多关于口才和演讲的培训班，大多数是有道理、有用的。

结合我自己几十年教学生涯的经验和几千场演讲的心得，我对"怎样讲"的主要体会就是两个方面："演"和"讲"。演讲的本质是"讲"。以"讲"为主，以"演"为辅。

在作"沟通的方法与技巧"演讲时，我多次用过一个英文词组："show and tell"，什么意思？"show"，作秀，表演；"tell"，告诉，表达。所以，我认为"怎样讲"，说千道万，主要就是"演"和"讲"这两个方面。

1. 以情感人地"演"

台湾作家琼瑶写了一首人们耳熟能详的歌词，其中有两句是："问世间情为何物，直教人生死相许。"其实，它的原作者为金朝的元好问。元好问讲的"情"，主要还是爱情的"情"。就是为了这个"情"字，可以让人置生死于不顾。

在谈到演讲中的"怎样讲"时，我倒是认为，最主要的一条还是这个"情"字。

演讲者在演讲时的心情、神情、表情、声情，演讲是否有热情、感情、激情、才情，是否入情、抒情、倾情、深情，是否注意了实情、舆情、社情、国情，是否有一定的"煽情"，调动听众的情绪等，都是很重要的。

有一段名言："上等人以情感人，中等人以理服人，下等人以势逼人。"这段话用在演讲上也是很适合的。

演讲者在演讲现场处于主导地位和中心位置，有一种高高在上之"势"的感觉，很容易"自说自话"，觉得无论我怎样讲、说什么话，听众都是处于被动地位，他们都得听，从而不考虑听众的感受，甚至把听众当"傻子"，于是，听众在心理上、情感上就不能与演讲者合拍，不能产生共鸣，不能共情，当然就不能认可、认同。这种演讲中的"强势"，在无形中"威逼"了听众，在"情"字上就不能与听众融合在一起，如果不能共情，演讲的效果当然就不会好，甚至会有副作用。这样的演讲就如同鬼谷子说的"下等人"之所为。

会演讲之人，有一定演讲方法技巧和艺术的人，会在一个"理"字上下功夫，以理服人，"有理走遍天下，无理寸步难行""一时强弱在于力，千秋胜负在于理"。演讲者应把所讲之"道理"作为基本的价值观，作为演讲中"怎样讲"的主要方法，"理"到家了，"理"讲透了，让听众心服口服，觉得"有道理"，在"情理"之中，毕竟，绝大多数听众也是通情达理的，于是，理与情也就整合在一起了。这样的演讲当然就如鬼谷子说的"中等人"之所为。

真正上乘之演讲、上乘之演讲者，虽然也有一定的"势"，有一定的"气场""气势"，特别是一些大腕级的演讲家，他们的气场是很强烈的，可以让听众折服。但他们也是很注重以理服人的，特别会循循善诱，把道理讲得深入浅出，让人折服。曾仕强先生的演讲就是如此。

但是，上乘之人会在"理"的基础上更注重以情感人和听众的感受，这显然是一种以人为本的演讲。他们的"怎样讲"，是建立在即便是有一定"势"、有很多的"理"的基础上，但他们更知道不会因为"势"和"理"而伤害听众的心灵、感情这种精神利益，不会把听众的感情"逼到绝境"，会让哪怕一时半会儿不接受你的不明确的"理"的听众，心理上好受一些，有一些回过头来看认为你讲得有道理的余地，这也是演讲中的"留白"。

听众是一个群体，又是一个个有独立人格灵魂的、活生生的人，"我们可以用理和法去限制人的言行，但无法限制他们的思想和精神"，所以，作为"上等人"的优秀演讲者，必须用情感的"怎样讲"去尊重听众的灵魂，与听众产生感人的灵魂共鸣。

这就是演讲者的以真情演讲感人。

教育之美，在于没有教育的痕迹；演讲之美，在于用真情感动了听众！

演讲中怎样"以情感人"？我的体会是：

第一，要尊重每一位听众。

俗话说："敬人者，人恒敬之。"你尊重听众，换来的是听众认真听讲。记住，任何时候都不要瞧不起听众，更不能讽刺、挖苦听众，他们是演讲者的"上帝""衣食父母"。

怎样尊重听众？

你的认真准备，倾情演讲，认真负责，态度端正，表情和颜悦色、和蔼可亲，就是尊重，甚至你演讲中的每一句话、每一个动作，都体现出是否尊重听众。

尊重听众，还表现在演讲内容中不要把什么都讲完，适当"留白"，相信听众的理解能力和悟性。

我作过几千场演讲，除了手术后不久的演讲外，绝大多数的演讲我都是站着进行的。有时候连续上午、下午的一周演讲，我都是站着进行的。最起码，这就是对听众的一种尊重，也能收到尊重听众、以情感人的无声语言的效果。

第二，在演讲中要进行适度的"感情投资"。

比如，在演讲时，演讲者的面部表情基本上处于微笑状态，让听众感到演讲者的和蔼可亲，这也是一种良好的"教态"；时不时地向听众进行多种形式的"问好"；当有的听众回答问题时，演讲者要面带微笑，时不时点点头，哪怕他只答对了一点点，也应该对回答者进行赞许，甚至让全体听众为他鼓掌。只要回答了问题，都要给予一定的鼓励。

第三，演讲中始终真心实意。

讲一个真实的故事：2022 年 2 月，我在海南三亚避寒度假。在理发时，与一位为我理发的中年女理发师闲聊。她问我从事什么工作，我说我是从事演讲工作的。这位女理发师听了后，说了一句话，差点把我笑得晕过去。她说："哦，我知道了，就是在台上一直说大话的那种！"你说好笑不好笑？

我是作国际政治经济关系、宏观经济、创新思维、智商情商、教育、管理、领导、国学、传统文化、励志等方面演讲的人，还真让这位理发师说对了，就是"一直在台上说大话"的人，讲这些专题，不可能不说大话。

但是，如果一直说大话，这些大话如果不符合实际，不接地气，没有一点"烟火味儿"，甚至是空话假话，或者是离听众太远，谁愿意听？不仅不能感动听众，还会使他们产生反感情绪。

所以，演讲者的以情感人，必须在演讲中尽量讲真话，用真实数据，而且要做到"大话小说"，这里的"小说"，就是与听众的切身利益、与他们所关心的事情一致去阐述、去讲解，更有针对性。演讲中的真诚是最能打动听众的。由于你的真情真诚，哪怕是讲的一些硬道理、大道理，也能拨动听众的心弦，产生共鸣。

第四，演讲中的以情感人，还表现在演讲者的"教态"上。

演讲者站在讲台演讲，其实就如同一个演员在舞台上演出，喜怒哀乐溢于言表。

演员在舞台上，根据剧情要进入角色，该哭时要动情地真哭，该笑时要真情地笑出来，该怒时要表达愤怒，该痛苦时要作百般痛苦状。

其实，演讲者与演员的表演也有相似之处，面部表情应该丰富一些，肢体语言应该多样一些，声情并茂地动情演讲，让听众随着你的演讲也产生共同的情绪、情感，从而达到以情感人的效果。

2. 用语言的艺术魅力征服听众

常言道，演讲，既要演，还要讲。不讲，何来演讲？

讲，是主体；演，虽然是辅助，但是，演也是一种讲。

讲，几乎谁都会，无非就是说话嘛。其实不然，同样的一句话，不同的人以不同的方式说出来，意思就大不相同。所谓"一句话把人说笑起来，一句话把人说跳起来"就是这个意思。

在我读大学时，我的语文老师黎见明先生，他把"我不读这本书"6个字为我们进行了示范解读，他说，这6个字，如果重音不同、语速不同、语调不同、表情不同，意思也是大不相同的。

所以，说话是有方法、技巧和艺术的，语言的使用驾驭也是有方法、技巧和艺术的。

严格说来，演讲的艺术也是一门语言的艺术，使演讲的"讲"艺术化，从而产生一种特殊的语言艺术魅力。

演讲的艺术有很多方面，主要有：

第一，要用普通话，尽量标准一些，字正腔圆。

我是地地道道的重庆人，重庆本地人平时大多不说普通话。有的外省人说了："天不怕，地不怕，就怕重庆人说普通话。"重庆人说普通话的主要问题在于卷舌音、后鼻音、鼻音不太会运用。所以，我在中央电视台《百家讲坛》作的两次演讲，就有听众提出我的普通话不太标准。

演讲时，一是要说普通话。二是要尽量说得标准一些。一开始可能说得差一些，这也不要紧，只要努力练习，普通话就会越讲越好。经过一段时间的练习后，我的普通话就好多了。

第二，驾驭语言的艺术特别重要。

中国的文字那么多，必须组合得好一些，把优美的语言用于演讲中，这是优秀演讲者的一项基本功。

为什么有的人演讲不中听，很重要的原因就是演讲者的语言组织能力和表达能力差，内容虽然无可挑剔，没有问题，但是，没有文采，没有哲理，没有故事，没有修辞，没有诗意，没有语言的美感，不能打动听众。

习近平总书记的演讲很有特色。他的每次演讲，政治性强，思想性强，战略性强，理论性强，文学功底深，文采飞扬，站位高，看得远，格局大，视野阔，同时，国学多，传统文化多，排比句多，金句妙语多，古典用语多，每次演讲都能引人入胜，取得特别好的效果。中央电视台《百家讲坛》还专门做了几期《平语近人》的节目，就是请一些国内的大专家解读习近平总书记讲话中运用的一些古典。

第三，肢体语言要丰富一些。

曾经听过清华大学一位教授演讲，当时他已经快60岁了，他的演讲内容当然是一流的，他在演讲时的肢体语言就征服了在场的每一位听众。他在3小时的演讲过程中都是站着的，而且整个演讲都像在跳"独舞"一样，在讲台上不停地来回走动，动作很夸张，手势也很大，激情四射，我们被他这种精神感动了：都快60岁的人了，太不容易了！

我自己演讲时也善于运用肢体语言，用毛主席的话讲，就是"以姿势助演讲"。毛主席的演讲，肢体语言就比较丰富。

演讲中的"怎样讲"，是一个需要演讲者终身学习精进的艺术，只有逗号，没有句号，永远在路上。

激情演讲

第八章　演讲过程"三阶段"

一场好的演讲，是一个完整的过程，这个过程包括三个相互紧密联系的阶段。

一、"演讲前"

"演讲前"，初看不属于演讲过程，其实不然，它属于完整演讲过程中特别重要的阶段，就是所谓的"备"之阶段，是广义的"备课"阶段、广义的演讲过程。

演讲者的备课，不是简单地写一份演讲稿，而是一种广泛的"准备演讲"。

为了做好一场场上乘的演讲，演讲前要做的事情很多。

1.修炼演讲者的素质素养

这就是演讲界的第一行话："备素养"。

素质素养都是内在的，但是，它们会不知不觉地在一个人的一言一行中流露出来。一个演讲者，他只要一站上讲台，他的素质素养也会不经意地展现在听众面前。

这里的素质素养，不仅是语言的艺术、口才的展现、肢体的显示、仪容仪表的体现，更是演讲者全方位的、全过程的、立体的素质显现，包括台前幕后的一言一行、一举一动。

如同一些明星艺人，舞台上光鲜亮丽，舞台下却又是另一番样子，他们应该知道，做人必须表里如一。

演讲也是如此，演讲前要修炼演讲者自己的人品，"人品决定产品"，人都不会做，演讲一定作不好！即使在台上说得头头是道，唾沫星子直冒，但是在讲坛下又是另一套，人家会瞧不起，会嗤之以鼻，戳他的脊梁骨！

这里的素质素养，第一是政治素养。演讲者必须从口头上到行动上、从思想上到灵魂深处，从演讲前、演讲中到演讲后，都要与党中央的大政方针保持一致，都必须是爱国的，都必须是正能量的。

这里的素质素养，还包括职业道德。演讲者也是广义的教师，是教育工作者，育人先育己。演讲，就是对听众进行的有形无形的道德教育。

打铁还须自身硬。演讲者要有"师德"，要为人师表，在其从事的演讲活动中必须遵守道德规范和行为准则，以及与之相适应的道德观念和情操、品质。演讲者要明大德，守公德，严私德。

这里的素质素养还包括演讲的仪容仪表，从穿着服饰到发型饰物再到言谈举止，都应有演讲者的"公众范儿"。

演讲者的素质素养的修炼，是一个长期的过程，要全过程、全方位、全天候修炼，这也是在"备演讲"。

2. 努力读书学习，储备广博的知识

这就是演讲界的另一句行话："备知识。"

即使是进行理工类专题演讲的人，除了有广博精深的专业知识，还应该有比较丰富的人文社会科学知识。

当然，人文社会科学方面的演讲者更应该知识渊博，还要有一定的理工知识。

演讲者演讲某一方面的专题，要具备与之相关的一些知识。演讲者知识广博，能在演讲中应对一些突发情况，信手拈来，旁征博引，游刃有余，从容不迫。

这就要求演讲者必须读书、喜欢读书、多读书、读好书、善读书，必须博览群书，进行广博的知识储备。

俗话说，书到用时方恨少，事非经过不知难，做一般的工作如此，作演讲也是如此。

演讲中的金句妙语从哪里来？排比句从哪里来？诗句从哪里来？国学和传统文化典故从哪里来？富有哲理性的故事从哪里来？经典案例从哪里来？不是天上掉下来的，也不是地下冒出来的，更不是演讲者大脑原来本身就有的，它一定是通过努力读书学习而来的。

我们都喜欢听习近平总书记的讲话，国学多，传统文化多，金句妙语多，排比句多，故事多，文采飞扬，这些"多多的知识"是从哪里来的？

习近平总书记多次谈到自己的成长经历。他不到 16 岁

就到陕西梁家河村当知青。他随身带了沉甸甸的一箱书，他白天干活，劳动休息时看书，放羊时也在黄土高坡上看书……

到了晚上，他就在煤油灯下苦读到深夜，在村民的记忆中，青年时的习近平经常边吃饭边看"砖头一样厚的书"。

那7年多的知青生活里，他一有空就静下心来读书，读古今中外的书籍。习近平总书记经常对别人谈"自己与书结下的不解之缘"。

正因为习近平总书记这样喜欢读书，就为他后来走上领导岗位的讲话打下了坚实的、丰富的文化知识基础。习近平总书记的读书学习和讲话风格，真值得我们学习。

我的演讲也爱用一些经典语言和传统文化典故，爱讲一些故事，我有"三字真经"的体会。

第一，读。

读书，既要泛读，博览群书，又要精读，"好书要读一百遍"。

我也是一个喜欢读书的人，快70岁的人了，还不会打麻将。我没有其他特别的爱好，但我一直喜欢读书，所以，在2007年4月23日的"世界读书日"时，我被评为"重庆市首届十佳读书人"。我有100多个演讲专题，已发表近千万字的作品，与我喜欢读书是分不开的。

我不禁感叹，生活对我太好了，"命运"对我太好了，机遇多次眷顾我。但是，要能够在关键的时候抓住机遇，平时就要刻苦努力。

不少听众认为我的演讲知识面比较广，还写作发表了那么多作品。其实，它们都不是无缘无故得到的，背后是由很多汗水浸泡成的，是读了很多书得来的。

第二，记。

我读书有一个习惯，包括看手机上的文章时，读到优美的句子和警句格言，我会记下来，这也是从小向我的二姐学的；与人聊天时，他言者无意，我听者有心，我会用心、用脑、用笔记下来；看电视时，看到好的语句我也会记下来，好记性不如烂笔头。日积月累，语言之库就丰富了，不至于使自己的演讲语言干瘪贫乏。

杜甫早就说过："读书破万卷，下笔如有神。"这里的"下笔"，杜甫主要指的是写文章，其实，对演讲而言也是同样的道理。

在杜甫所说道理的基础上，我还要补充一下，不仅是要"读书破万卷"，还要把读了的东西记下来，变成自己的，用在自己的写作和演讲中，用在自己的工作、生活和交友中。

如果只是追求读书的数量，大量阅读，一晃而过，如风吹过没有痕迹一样，这样的读书，作用不太大。读了书，见到书上的好东西，一定要用笔、用脑记下来。

毛主席读书，爱在书上作批注；有的人将某些大家的批注出版成书。

读书时，将金句妙语、好的故事记下来，不断积累，以供演讲、写作运用，也可自己欣赏、教育子女，就是日常与人聊天交流，也是很有好处的。

我曾经多次引用过我的一位听众、重庆市沙坪坝区某局局长邹先生的话。我觉得他的话是有道理的，这句话如下：

"读书有如燕子筑巢：点滴积累；读书有如母猪进餐：兼收并蓄；读书有如牛儿吃草：反刍回味；读书有如郎中看病：记录在案；读书有如女士穿衣：该露则露。"这不，养成"记录在案"的习惯会很受用。

第三，写。

读了那么多的书，记了那么多的东西，是"进"，是"输入"，还应该"出"，应该"输出"，就是要写点东西出来。写点专业方面的、随笔的、散记的、文学的，假以时日，出版发表，也可以自我欣赏，以此教育孩子，也是很好的。如果能运用一些在演讲中，那就更好了。

见到一些微信朋友经常在微信朋友圈中转发一些帖子，基本上没有自己写的东西，我在想，这些微信朋友要么不太爱读书学习，要么读到东西不爱记，没有变成自己的知识，当然就不可能写出自己的东西，没有养成自己写什么的习惯，有的人可能也写不出东西来。在微信上一味转发别人的东西，自己没有原创文字，浪费了时间和精力！不是不能转发别人的优秀帖子，但是，如果遇到好的帖子，在转发的同时，也是可以写自己的感想、体会的，人活一世，特别是一些有知识的人，要有点自己的东西留下来才好呢！

写东西，既强化了前面所讲的"读"和"记"，也给自己留下人生的印迹。人来世间走一遭不容易，无论是贫穷还是富有，无论是高官还是平民，无论是年长还是少小，无论是繁华三千还是平凡一生，无论是声名显赫还是寂静无声，"人生百年"，弹指一挥间，留下点文字性的东西在身后，留下点音像性的东西存于世，也算是对得起自己，也算是不枉来人世间潇洒走了一回。

而且，文学对演讲来说也是相得益彰、相互促进的。

70年左右的人生，我公开发表了近千万字的作品、11部演讲光盘，在微信群、微信朋友圈中，也发表了3 000多篇散记短文、100多篇微小说、1 000多首小诗、800多篇茶文化随笔，也算是"笔耕较勤"吧。这些作品扩大了我的知识面，丰富了我的演讲内容，提升了我演讲的知识点，也锻炼了我的写作能力，还可以让我的大脑经常处于思考和活动状态，也许是在做一种"脑体操"吧，避免得阿尔茨海默病。

有不少人问我："教授，您应该是多产作家了，您写东西、发表和出版东西为什么这么快呢？"

我的回答是："我爱读书学习；我爱把学到的东西记下来；我的演讲稿一经整理就是一本书啊！我备课的过程就是在写书；我写书的过程就是在备课。比如，我在微信朋友圈中发表的散记、小诗、随笔，一经整理就出版了《情之深深：曾国平文化作品选》一书；在微信朋友圈发表的一些散文，一经整理就出版了《灵魂深处：读书所得·生活所感》一书。而且，这些作品对我的演讲也是很有帮助的。"

"演讲前"看似不是在演讲，其实，它就是在演讲，要知道，"汝果欲学诗，工夫在诗外"呢！

有人说，我喜欢看别人的东西，不爱动笔。问题就在这里，越是不爱动笔，就越写不出东西；越写不出东西，就越不爱动笔，如此恶性循环。谁也不是天生就会写作，伟人出生后的第一个声音也是哭泣，并不是一首美妙的诗词。

特别是优秀的演讲者，既要多读、多记，还应该多动笔、多写东西。写作与演讲是相互促进、相得益彰的。

3. 学习别人的演讲艺术，提高自己

我国有很多演讲技术高超的人，有不少演讲大师。一位演讲者，要想在演讲上有所作为，可以多听听这些大师的演讲，既向他们学习演讲中的知识、学习他们的演讲方法和艺术，也能提高自己的演讲水平。

1987年，从四川自贡市委党校调入重庆大学任教，我就用了一年多的时间把重庆大学许多老师的课都听了一遍。有的是人文社会科学方面的课，有的是理工类的课；有讲得很好的老师的课，也有讲得一般的，甚至讲得不太好的老师的课，我都去听，而且是带着分析的心态去听课。比如：这位

老师讲得好，他有哪些可取之处可以学习借鉴；这位老师讲得不太好，他主要的问题是什么，要是我去讲，我会从哪些方面改进。

显然，听几十位重庆大学老师的课，对我的教学和后来的演讲是大有帮助的。

难以现场听到国内很多演讲大师的演讲，于是，我就购买了几十套这些演讲大师的演讲光盘，反复看，甚至一招一式、语言驾驭、形体语言、演讲方法与技巧都学习。比如人称"华人三大演讲家"的曾仕强、余仕维、陈安之的演讲光盘，包括中央电视台《百家讲坛》上的一些知名演讲者的演讲，我也细心收看学习。这些对我的演讲帮助很大。

曾经有一段时间，重庆大学新入职的教职工要进行入职培训。学校安排我作一场题为"做一名优秀的重大人"的演讲。其中，我对教师们讲，做一名优秀的人民教师，要过好"三关"：第一，政治关；第二，教学关；第三，科研关。

我讲到，重庆大学有一批讲课"高手"，我曾教授只能算"中偏上"的人，新教师完全可以多去听听他们的课，你不能讲课一辈子都还是那个样子。

我还讲到，我在重庆大学每周都有一些不同专题的演讲，你完全可以去听，都是免费的，何乐而不为呢？

张老师的课很有逻辑性，听了他的课，就学过来；

李教授的课很有哲理性，听了她的课，就学过来；

王教授的课很有文采，听了他的课，又学过来；

刘教授的课，PPT做得好，听了她的课，就学过来；

赵教授的课，幽默风趣，听了他的课，就学过来；

……

每个老师讲课都可能有自己的"精招"，有自己的特色，有自己的长处，这些精招、特色、长处，犹如一颗颗闪光的珍珠，虽然一颗珍珠不太值钱，但是，我可以将它们集中起来，用一根线串起来，就成了"演讲艺术的珍珠项链"，集众家演讲之所长，自己的演讲水平不就提高了吗？

4. 认真负责地写好演讲稿

演讲稿，是做好演讲的关键部分，也是"演讲前"最重要的环节之一。

前面所有的演讲前准备，包括修炼、读、记、写，包括去听别人演讲的学习，都要汇聚在演讲稿中。如同演戏，再好的角儿，再会演戏的人，都应该有好剧本。遇到一个好剧本，是演员的幸运！行话说得好："剧本剧本，一剧之本。"同样的道理，演讲稿也是演讲的根本。

有的人擅长即席演讲，其实他也有"腹稿"，或者是一边演讲，一边思考并组织语言，将平时积累的知识集中起来，这是在"即席备课"。

大多数演讲都要有事先准备好的演讲稿。

初学演讲之人，或者是对某个演讲专题的内容不太熟悉之人，一般是将演讲稿的文字全部写下来。等到演讲者对演讲内容比较熟悉了，就可以只要一个演讲提纲作为演讲稿就行了。现在盛行用 PPT 作为演讲提纲。PPT 的详略程度，也要看演讲者对演讲内容的熟悉程度来定。演讲者写演讲稿要注意的是，演讲稿的文字写好后，怎样把 PPT 制作好。就我自己的演讲经验来看，我熟悉的内容，PPT 上的文字就少一些，反之则多一些。

　　PPT 上的文字太多了，整版整版地出现，听众看起来就会觉得很累。制作时可以让版面上的文字少一些，可以适度"留白"，演讲者可以根据提纲脱稿多讲一些。

　　PPT 上可以有一些图表和动画，但不宜太多，否则喧宾夺主。很多大演讲家，要么没有 PPT，要么他们的 PPT 都很简单，粗线条式的。

　　在制作演讲稿的 PPT 图片时，我喜欢用蓝天白云作为底色，这寓意阳光心态；我不喜欢用黑色等深色的 PPT 底版，它让人感到压抑。

　　而且，PPT 上文字的颜色，我比较喜欢用天蓝色和鲜红色，显眼而喜庆。

　　字体方面，标题我喜欢用"彩云"、新魏体和隶书，主要的文字则喜欢用细圆。

　　而且，在制作演讲稿的 PPT 时，我比较喜欢用"切换"的方法，就是用电子翻页笔让版面上的字一行一行地出现。

否则，演讲内容一整版一整版地出现，听众只顾看 PPT 上的东西，就不能专心地听你的演讲。

写演讲稿，既要大处着眼，又要注意一些细节。

5. 试讲是有必要的

初学演讲的人要进行必要的试讲。

试讲的方式很多，要么讲给自己的指导老师听，要么讲给自己的好朋友听，也可以夫妻双方互为听众。现代的科学技术比较发达，可以运用现代录音录像设备，录下来自己看、自己听，反复看和听，看哪些方面有纠正改进可以提高的。最好是通过多次的试讲和自己默默地试讲，尽量熟悉演讲内容。有的初学演讲的人，甚至把演讲稿背下来。演讲虽然不是死板地背诵演讲稿，但熟悉演讲内容太重要了。

演讲艺术往往产生在对演讲内容的熟悉之中。

而且，把每一次试讲当作真正在讲台上正式演讲，力争每一次试讲都要感情充沛，打动自己，感动自己。不能感动自己的演讲，是不能感动别人的。

二、"演讲中"

这是演讲的第一重要环节。

演讲的题目再好，演讲内容再丰富，谋篇布局设计得再好，演讲稿写得再好，"演讲前"的工作做得再多、再细、再充分，关键还得看演讲者怎么在"演讲中"讲好、"表演好"。演讲者在演讲中最重要的要做什么？很多知名的演讲者都有自己的表述。我认为：

1. 全身心地投入演讲

演讲者站上讲坛后，心无旁骛，心无杂念，进入角色，专注自己的演讲，如同我前面讲到的"物我两忘"。

当演讲者进入"物我两忘"的演讲境界后，他会调动一切知识储备、演讲才能、演讲智慧、演讲方法和艺术、身体能量进行演讲。投入好，产出好，演讲的效果好。

2. 认真负责地演讲

演讲时要认真负责，每一句话都要表达清晰，每一个动作都要一丝不苟。

把每一次演讲当作第一次，因为第一次往往更认真负责。尽管有的题目你可能讲过几十次、几百次，但也要当成第一次。

我是2006年学习驾车的，当时51岁，到现在快20年了，现在驾驶技术应该不错。但是，现在每当我坐到驾驶室开车，我就提醒自己："我是新手，是第一次驾车。"新手上路，不仅要"请多关照"，更要如履薄冰，小心翼翼地驾车。演讲也是如此！

把每一次演讲当成最后一次。不要认为，这次讲得不好，反正还有下一次。其实不然！这次讲得不好，听众是不会原谅你的，主办方是不会原谅你的，他们就不会再请你演讲了。现代社会，演讲者众，要把握好每一次演讲机会，每一次演讲都要认真负责、一丝不苟！

3. 使自己的演讲具有感染力

做一名有感染力的演讲者，是每位演讲者追求的演讲的高境界。如果演讲有感染力，这是值得自豪的，是很荣耀的。

感染力是一种综合素养与能力。演讲者怎样才能感染听众？一是演讲的内容要好。二是演讲要有吸引力。三是语言要优美。四是要幽默风趣。五是要具有哲理性。六是要通俗易懂。

当然，前面讲到的"讲什么""怎样讲"都很重要。最重要的还是"真情所至""以情感人"。

最好是先讲给自己听，看能否感染自己。不能感染自己的演讲，是不可能感染别人的！

4. 进行必要的互动

演讲中的互动不能太多，但也不能没有。调动听众的情绪，互动是一种很好的方式。

互动的题目要设计得好，要有一定的趣味性，而且要有广泛的参与性，可以是演讲者对听众提问式的互动，也可以是让听众回答问题式的互动，还可以是让听众提问式的互动。在互动过程中，演讲者可以适时地给予进行互动的听众以正向激励。

互动游戏可以做一些，但是，要视听众的学历、层次、地位、水平高低而定，是否做、做多少、做什么。

我曾经为小学三年级到初中的学生作过几场关于"少年国学智慧"的演讲，这是很难的一个演讲活儿。学生年龄太小，知识面较窄，专注的时间不长，怎么对他们讲好国学？

我当时就用了讲故事的方法和互动的方式，特别是提问，让学生自己回答，还让学生个体和集体朗诵古诗词，结果，那几场演讲效果比较好。

5.有意识"停顿"

在进行演讲时，如果演讲者停顿了，不就是不在"演讲中"了吗？

其实，"演讲中"是可以运用适度"停顿"这一演讲技巧的。

演讲中的"抑扬顿挫"，就有一个"顿"字，它不仅能调动听众的情绪，有利于演讲者的语言表达，而且使演讲具有节奏感。

演讲中的停顿，可以是语言停顿、感情停顿、特殊停顿。比如特殊停顿，最典型的例子就是英国政治家赖白斯在伦敦的一次参事会上就劳动问题的演讲。在演讲的中途，他突然停顿了72秒。听众正感到惊讶并莫名其妙时，他又开始演讲了："这就是一位工人砌一块砖所用的时间。"这是他事先设计好的一个演讲场景，巧用停顿的技巧，独具匠心，出奇制胜，效果很好。

6. 演讲中的随机应变

演讲中，如果主办方对演讲事务处理得好、组织得好，演讲可能很顺利，演讲者也很舒心。但是，也会遇到与之相反的情况，难以处理，并可能出现让演讲者难堪的问题。

第一，演讲中听众的纪律不好。

如听众明显的迟到、早退、缺席；课堂上有一些人玩手机不专心听演讲；有人来回进出会场接打电话；有人看其他书籍不听演讲；有人频繁地进出倒开水、上洗手间；等等。这些情况非常影响演讲者的心情和情绪，影响演讲的氛围和"气场"，影响演讲效果。

出现这些情况，演讲者不要惊慌，更不能因生气而伤害听众。要沉住气，不要与听众发生正面冲突。

首先，要反思一下，是不是自己的演讲在哪些方面出了问题而不能抓住听众，不能打动听众，不能吸引听众，先从自身找原因；其次，遇到这种情况，演讲者可以先稍事休息，马上与主办方沟通，请他们出面宣讲会场纪律；再就是与听众中的带队领导进行必要的沟通；还有一种方法就是进行必要的"组织教学"。

我在全国作过几千场演讲，听众的纪律大都很好。一是他们的领导组织得好，考勤很严格；二是领导自己带头，从头到尾认真听；三是有的机构采取现场将手机信号屏蔽的方式，有的机构则是现场收存手机；等等。

有一次，我到南方医科大学（原第一军医大学）演讲，坐在第一排的是该校的校长、政委、两位少将，他们从头到尾都听得很认真，根本没有动一下自己的手机。于是后面的大校、上校、中校、少校们，无一不听得很认真。

2021年，我在陆军军医大学演讲时，坐在第一排的是校长王少将，他仍然认真听完了全程讲座，没有动手机一下。

这就是我在作"卓越领导力提升"的演讲时讲到的："要部下做到的，领导要带头做到；要部下不做的，领导绝对不能做。"

当然，演讲者也是如此。演讲者作演讲时千万不要迟到；手机一定要设置为振动状态，千万不能在演讲中接打电话。

领导是否带头，演讲的效果大不一样！

管与不管，演讲的氛围大不一样！

是否经过培训，演讲的结果大不一样！

第二，演讲现场有人对演讲内容提出异议。

这种情况不多，但也是有的。

在我的演讲中就遇到过几次这种情况。这种情况如果处理得不好，会影响演讲的氛围和演讲者的心情。我的经验是，当听众对你的演讲观点有异议，且他们现场提出后，最好不要与之争辩，更不要伤害他。可采用的方法：一是表扬他"你很有自己的想法，同学们，给这位同学掌声鼓励"。二是可以对他说"关于你提到的这个问题，我们课后再讨论，我再向你请教"，然后，继续你的演讲。

三、"演讲后"

一场又一场演讲之后，会有很多感觉、感受、感想。

1. 演讲后会感到有些苦和累

当你全身心投入演讲，进入到"物我两忘"的境界，演讲时没有感到多疲倦、多劳累，但是，当你演讲结束后，回到家里，躺在沙发上，你就会感到比较累了。演讲，既是脑力活儿，也是体力活儿。

但是，如果听众认真听演讲，互动效果比较好，这时的演讲者不会感到太累，会自己沉浸在回味演讲的快乐中；反之，演讲者会感到很累。

2. 演讲后，可能喜悦，也可能伤感

之所以感到喜悦，是因为演讲比较成功，感染了听众，演讲的现场氛围很好，甚至让演讲者回味无穷，它成了演讲者的一种精神享受。于是，演讲者完全可以把这场比较成功的演讲作为下一场演讲的起点继续努力，还可以总结经验，这场演讲的成功之处在哪里。

之所以感到伤感，是因为不少演讲也不是十全十美的，自己感到本来应该讲得更好一些。于是，演讲者就需要反思一下，看哪些方面还存在问题，以利于改进。再有，演讲者倾情演讲了，但是，一些听众的现场表现不好，现场反馈、

接受状况不理想，这也让演讲者有些伤感。

一些培训机构会进行演讲情况的听众问卷调查，收集信息，但是，他们收集后，绝大多数没有向演讲者反馈。

3. 重视演讲后听众反馈的信息

演讲后，会有一些听众在课间马上给予演讲者一些表扬性的鼓励语言；有一些听众还加了演讲者的微信，可能与演讲者再进行一些演讲后的互动、沟通、提问，包括与演讲无关的其他问题的交流，甚至与演讲者成了好朋友；有的则提出一些关于演讲内容和演讲方法的建议，这种"演讲后"也是很有益的，对演讲者进一步做好演讲是有好处的。

4. 演讲后总结不足之处

回顾我自己几十年的演讲生涯，对"演讲后"也进行了一些总结，觉得自己的演讲有几点不足：

第一，知识的广度和深度不够。

我出生在一个偏僻的乡镇，父母基本不识字，那个地方基本上没有什么文化气息，没有什么读书的氛围。我就读的初中和高中，虽然是县级中学，但是也是在乡镇上，学校没有多少书籍可读，所以，我的少年和青年时期的文化知识基础不扎实，这成了后来演讲的知识短板。

第二，普通话不标准。

我出生在江苏乡村，生长在涪陵乡下，说的是地道的涪陵话，虽然后来演讲和学校教学都要求必须说普通话，但是"乡音难改"，而且，重庆人说普通话，卷舌音、后鼻音、鼻音都发音不准。因此，在我的演讲中，普通话说得并不标准。

第三，肢体语言，特别是手势不太优美。

我没有经过专门的演讲训练，所以，肢体语言，特别是手势不规范、不标准，这在一定程度上影响了演讲效果。

第四，没有练过气息发声发音。

演讲的声音要好听，要有磁性，低中音一点，要从胸腔发声。不少专业的歌唱演员和一些专业的影视演员，都经过专门的训练，具有专业水平。著名电影演员焦晃、著名朗诵家徐涛的声音就特别有穿透力、特别有磁性。我因为没有经过这方面的专门训练，对演讲有一定影响。

第五，互动设计不足。

关于演讲中的互动，这是我们高校教师"学院派"普遍的短板。在我的演讲中，互动也有一些，但总体不足。

在"演讲后"，不断总结经验，认真找出自己演讲的不足之处，对于提升演讲能力、演讲效果是很有帮助的。

第九章 "四字真经"献演讲

20 世纪 90 年代中期，当时重庆还不是直辖市，我个人申报了一个教学成果："思想政治课中的实新精活教学方法研究"，主要是提高政治理论课教学质量方面的，后来，获得了四川省优秀教学成果一等奖。

其实，"实、新、精、活"这四个字，是我多年从事教学和演讲的经验总结，是一种教学和演讲的特色，我的几千场演讲，一直运用这种方法，效果应该是比较好的。

一、演讲中的"实"

演讲者应该实诚、实心、实在、实际，应该求实、务实、扎实、真实、落实，实事求是。在演讲中应该实话实说，真情实感，应该理论联系实际，应该据实而讲，演讲的内容要实，演讲的形式要实，演讲的方法要实，要讲求实效。

可以说，实，是演讲者的基本要求，甚至是第一要求。

要使自己的演讲有说服力、感染力，演讲者必须在"实"字上下功夫。

演讲者的"实"，有很多要求，特别是演讲的主题、演讲的内容、演讲的目的、演讲的主体、演讲的效果等等。

根据多年的演讲体会，我认为"实"有两个方面特别重要：

1. 实话实说

从字面理解，实话实说就是直截了当地说出真实情况，说真话而不欺瞒，不说假话。

演讲者在演讲中能做到实话实说、开诚布公、推心置腹、坦诚率真，会使演讲具有独特的魅力，能提高演讲者的亲和力，会获得听众的好感，并提高听众对演讲者的信任度，会营造出和谐的演讲氛围。对演讲的内容，听众不仅不反感，反而更容易接受。实话实说能拉近演讲者与听众的距离，特别是感情上、心灵上的距离，提高听众对演讲者的认可度，从而更愿意一直听下去。

如果演讲者在台上只说一些"假大空"的话，自说自话，这种演讲不仅不能抓住听众的心，反倒会使听众一开始就反感，哪里听得进去？要么早早离场，要么在座位上玩手机、睡大觉。

实话实说的前提是实事求是，也就是对一切客观存在的事物进行研究，探求事物发展的规律。实事求是，是马克思主义的根本观点，是我们认识世界、改造世界的根本要求，也是演讲者在"实"字上的根本要求。

在人与人的交往中，实话实说是交友的基本准则，也是赢得别人信任的前提。

但是，实话实说，不一定是什么话都说，不一定都要讲真话。也就是说讲真话、讲实话也有一定底线和技巧。

比如，一位朋友长得不漂亮，甚至有点丑，如果你当面实话实说，就不好，很容易产生误会和矛盾，甚至伤了别人的心。如果讲究一下技巧的话，可以夸奖这个人的其他方面，比如说她很有气质，说她文学素养很高等，不能"哪壶不开提哪壶"，而且，有时善意的谎言也是可以理解的。

当然，实话实说与保守秘密并不矛盾。有一句演讲界的行话："学术无禁区，宣传有纪律"，站到讲台上进行演讲，那就是神圣的，什么话能讲，什么话不能讲，什么场合讲什么样的话，应该是有要求的，该保密的东西，哪怕是实话真话，也不宜在公开场合进行表述。

再有，一些负面、阴暗的东西，如果在演讲时过分渲染，比重太大，不加以一定的分析引导，好像是在"实话实说"，其实效果并不好，甚至会产生负面影响。

一些民间流传的、网上转发的东西，没有经过证实，不能算是实话实说。

语言大师季羡林先生有两句话说得很有意思，我觉得对于演讲者也是适用的："假话全不说，真话不全说。"

2. 理论联系实际

演讲者在演讲中一般都会讲一些理论，特别是一些社会科学方面的演讲、一些政治性的演讲，讲理论很有必要，而且要讲深讲透，同时，一定要将理论与实际联系起来。理论与实际脱节，书生气十足，空对空，一阵风，大话连篇，不接地气，谁也不愿意听。

理论联系实际，是我党的三大作风之一，也是演讲者必须遵循的基本原则。

理论性强的演讲，如果不联系实际就枯燥，就没有趣味，不能引起听众的共鸣。

习近平总书记特别强调实事求是，强调理论联系实际，他曾经指出："我们党的历史反复证明，什么时候理论联系实际坚持得好，党和人民事业就能够不断取得胜利；反之，党和人民事业就会受到损失，甚至出现严重曲折。"

毛泽东、邓小平、习近平都特别强调把马克思主义同中国的具体实际结合起来，提倡马克思主义中国化。

同样的道理，理论联系实际地演讲，才可能是一场优秀的、有层次、有档次、接地气的、受欢迎的演讲。

在演讲中怎样做到理论联系实际？

第一，首先要学懂弄通理论，包括马克思主义理论，社会科学、自然科学的基本理论，还有演讲中要涉及的理论，要掌握思想的真谛。只有这样，理论所联系的实际才有高度，才有深度，才有广度，才有梯次和境界，才有指导性，才能使所联系的实际升华，从而避免为联系实际而联系实际。

第二，要有意识地联系国际、国内、本地区、本行业的实际，联系社会实际，联系改革开放的实际，联系听众的实际，特别是联系听众所关心的一些社会热点问题。这样的演讲才有针对性，才能使你所阐述的理论落到实处。

第三，理论联系实际的落脚点是要引导听众思考问题、问题导向，并努力去寻找存在问题的原因，包括诸多原因、根本原因、起始原因，从而根据问题和原因去探寻解决问题的办法。这样的理论联系实际的演讲才有意义，才能达到演讲的目的。

二、演讲中的"新"

听众听演讲，都喜欢有新主题、新理论、新思想、新材料、新结构、新语言、新内容的东西。

演讲中的"实"，是"新"的基础；而演讲中的"新"，是"实"的延伸，是演讲的灵魂。

党的十八大以来，我们党把马克思主义同中国的具体实际相结合，涌现出了许多新理论、新思想，特别是习近平新时代中国特色社会主义思想，它既是指导社会主义现代化、中华民族伟大复兴的新理论和新思想，也是指导我们进行演讲的新理论和新思想。

党的十八大以来，我们党进行了五次主题教育，有一句很流行的话："规定动作不走样，自选动作要创新（有特点）。"什么意思？也就是说，主题教育的一些重要的方面，是按党中央的要求进行的，不能走样，不能离腔走板，不能偏离大方向、大原则。但是，具体采取的一些形式，选用的一些资料，可以自己选择一些灵活的方式，可以有所创新，有自己的特点。演讲者在演讲中也是可以借鉴这两句话的。

2003 年 6 月 6 日，我第一次在中央电视台《百家讲坛》作了"创新思维与创造力的发挥"的演讲；2006 年，中央电视台二频道《今晚》栏目又播出了主持人高博对我的专访，内容也是关于创新思维方面的。后来，我又在重庆大学出版社出版了两本关于创新方面的书籍：《让思维再创新》和《创新思维与创造力》。在全国作了数百场关于创新方面的演讲，我的体会是，演讲之所以能成功，成为一场优秀的演讲，是因为创新！

1. 演讲的标题要有新意

一看演讲的标题，有新意，就能吸引人，使人想听。

演讲的标题创新，要紧跟时代的潮流。比如，在进行党的主题教育时：第一次主题教育讲"党的群众路线教育实践活动"，就有新意；第二次主题教育讲"三严三实全面从严治党"，就有新意；第三次主题教育讲"两学一做"，就有新意；第四次主题教育，讲"不忘初心、牢记使命"，就有新意；第五次主题教育，讲党史学习，也是很有新意的。

2021 年中国共产党成立 100 周年时，讲党史方面的专题，虽然是党的历史方面的专题，但是可以把专题名取得更有时代感、有新意一些。

2. 演讲的内容要新

用新理论、新知识、新材料、新故事、新案例进行演讲，让听众有一种耳目一新的感觉，愿意饶有兴趣地听下去。

比如，讲"责任"这一专题，这是一个大众化的题目，很正统，看起来讲不出什么新意。但是，我引用了习近平总书记关于责任的论述，引用了居里夫人谈责任的语句；引用了法国的大文豪伏尔泰谈责任的语句，引用了袁隆平院士那段谈责任的经典语句——"人身上最值钱的东西并不是金钱，而是装在脑子里的知识和一颗责任心"，等等。这样的演讲层次高，大多数听众都没有听过这些名人关于责任方面的话，也觉得很新鲜。

比如作"中国宏观经济形势分析"的演讲，我会引用近几年包括当期的一些最新的经济数据进行分析，如 GDP、CPI、PPI、PMI、M0、M1、M2、有效固定资产投资、外贸、新增贷款量、新增发电量、新增铁路货运量、财政收入等等。这些实时的最新的经济数据，既能说明问题，也传递了演讲的新信息。

就是讲国学、讲中华传统文化方面的专题，看起来是"旧"知识，是"旧"故事，但是，把这些传统文化赋予新的内涵，说明当下的新问题，"用老瓶子装新酒""周虽旧邦，其命维新""如将不尽，与古为新"，具有时代感，也是很有新意的。

有的演讲专题可能讲过若干遍，比如"责任"方面的、"执行力"方面的，虽然自己觉得没有新意了，但是，听众却是不同的人，他们或许感到有新意，而且，每一次演讲同一专题，我也会与时俱进地增加一些新知识，让"老专题"更有时代感。

3. 演讲的方法要新

演讲的新方法会有很多，特别是将现代科技运用到演讲中，使演讲更加形象化，更有影像感。

第一，视角创新，化常为奇。

比如，我在讲"团队管理与团队精神建设"时，讲到了"人多力量不一定大"，听众可能感到好奇。于是，我接着讲了一道算术题：

某项工作 2 人在 2 天内可以完成。现在 4 人一起做这项工作，需要几天？

答案：1 天。但是，在今天的一个组织里，正确的答案可能是 4 天，也可能永远无法完成。

为什么？因为可能有内耗！

这样一来，我的演讲就把听众带到了一个新的知识领域，听众纷纷点头称是。

这显然就是一个角度的变换。

第二，反常立论可能有新意。

我在作"创新思维与创造力"的演讲时，讲到了一般人认为的"失败是成功之母"，但是，我按逆向思维变换了一个角度："成功也是失败之母"，这就是一个典型的反常立论。

在大家感到惊讶时，我马上在黑板上画了一条抛物线。我讲道："抛物线的顶端，表示'成功了'，到顶了。于是，有人就不再努力、不再创新，抛物线就开始下滑了。"

怎样解决这个难题？只有不断创新。

当企业发展的第一条抛物线到了顶端时，就启动创新的第二条抛物线，创新经营管理和创新产品；当第一条抛物线落到底端时，第二条创新型的抛物线的顶端就把第一条抛物线的底端填平了。

这种创新创造就是一些百年老店企业长盛不衰的秘密。

于是，我再说"成功也可能是失败之母"的时候，大家既赞同，也觉得有新意。

第三，新的事实耳目一新。

在演讲中，我经常会运用一些新的事实证明一些看似荒诞的命题。

在一次辩论赛的准备过程中，一位指导老师对辩论队的成员讲了一个技巧，就是在辩论中抛出一个看似荒诞的命题，实则是设计的一个陷阱，结果，新材料的事实一经展示，就让对方辩友陷入特别被动的境地。

比如，重庆大学辩论队当时设计了在演讲中多次举例说"白色的乌鸦"，结果对方辩友就上当了，诘问道："对方辩友，我们都知道，天下乌鸦一般黑，你们怎么说'白色的乌鸦'呢，怎么会犯下这样常识性的错误呢？"

于是，我方辩论队员马上引用"白色的乌鸦"的真实资料，结果，对方辩友哑口无言。

另外，适当增加一些互动性，特别是让听众向演讲者提问；听众提的问题，让另外一些听众来回答，都是演讲方法中互动的创新。

演讲中要"新"，但不能怪异和荒诞，不能为了追求所谓的"新"，而"离经叛道""离腔走板"，不能违背政治、法律和道德的要求。

三、演讲中的"精"

演讲者要做好一次次成功的演讲，还要在"精"字上下功夫，精细、精要、精准、精确、精彩、精到、精神、精气、精湛。

我曾经作过多次关于"精细化管理"和"精准思维"的演讲。

演讲中的"精"，与企业的精细化管理、领导者的精准思维，道理是一样的。

"精"的管理思想在于：精品意识、精益求精、精打细算、精耕细作、精雕细刻、追求最好、做到极致、做到长久、做到可持续。

"精"，会延伸到"细"，细心、细致、细节、精细，细节决定成败。

作一场成功的、优秀的、精彩的演讲，在"精"字上下功夫也有多种措施和方法，其中的重点在于：

1. 精准分析

演讲者要在演讲前进行精细、精准的分析。分析什么？

第一，分析演讲题目。

只有精准分析了演讲题目，才能够确定这个题目是否适合演讲现场的听众，是否符合主办方举办这场演讲的意图，是不是演讲者自己能够驾驭的，甚至是不是自己的演讲强项。

第二，分析听众。

这样的演讲题目、演讲内容、演讲方法，是否符合听众的口味、层次、需求、要求，要进行一定的预判，从而要么作一定的调整，要么准备好一定的预案。

比如，在作"领导力""领导方法与领导艺术"方面的演讲时，我一般都要问主办方，听众中有没有非领导者，如果有，这样的题目针对性就不强。因为有的演讲内容只能对领导者讲。

第三，分析演讲内容。

看演讲内容是否符合演讲题目，"文"是否对"题"；看演讲内容是否全面又有重点；看演讲内容中有没有预设一些达到高潮之处；看演讲内容有多少"听点"和兴奋点。

第四，分析演讲者自己。

主要是看演讲者是否做好充分的准备，包括身体上的准备、心理上的准备、演讲稿的准备、PPT 的准备、演讲工具的准备、衣着服饰的准备等等。

第五，分析演讲结果。

演讲者在演讲前可以预判演讲的效果，从而在一些重点、难点方面有一些预案。

2. 精品意识

什么是精品意识？就是把一项工作、一件物品做得好上加好，力求最好。精品意识一定要摒弃"过得去"的思想，要善于创新，善于精耕细作、精雕细刻，有一种工匠精神。

教育部推出了"精品课程"的工程，许多高校都有自己的"精品课程"。

做企业、做生产、做经营、做管理、做领导、做市场，都要有精品意识。

这个社会，大排档的东西太多，精品的东西太少。所以，做企业、做商品、做服务的人，不要总是埋怨生意不好做、商品没人买，主要还是看自己的商品、自己的服务是不是精品。

在演讲"创新创造"方面专题时，我讲过，真正要进行原始创新其实是很难的，但是完全可以把产品和服务做成精品，这其实也是另一种意义上的创新。

做演讲也是如此，要在演讲上有更多的创新，有新理论、新思想、新模式、新方法、新措施等也是很少很难的，演讲者重点应该在把演讲做成精品上下功夫。

精品意识落实到演讲中：在"演讲前""演讲中""演讲后"的全过程都要精细；在"讲什么""怎样讲"上要精细；在演讲的"实"和"新"上要精细；在精心备课写演讲文本上要精细；在演讲内容的选取上要精细；在演讲的遣词造句上要精细，不能信口开河；在演讲的案例、故事上要精挑细选；在演讲中运用的数据上要精细，力求准确无误。

还要搞清楚演讲的听众对象，包括是哪个省、哪个行业、什么职业、文化程度、有无职务、有什么样的职务、接受程度等等，这样，演讲起来针对性更强。

3. 简练精练

演讲中的"精"，还有演讲精练的要求。

听众花了时间来听演讲，时间是有价值、有代价的，是宝贵的，所以，演讲者的演讲语言要简练，不能啰唆。演讲者的语言要"干净"，不能讲脏话，更不能有与社会主流价值观相悖的话，不能有废话，不要养成经常使用"啊""是不是"等口头禅的不良习惯。大话套话也要尽量少用，甚至不用。

精练，也要求演讲者尽量用语简练，言简意赅。有的演讲者，包括有的领导者，对一个问题反复讲，让听众很反感。

我在作"沟通技巧"的演讲时，讲到了销售人员介绍产品时的"FAB"法则，就很简练精练。

F——Feature　　　属性

A——Advantage　作用

B——Benefit　　　益处

这是一种既简练精练，又具有说服性的演讲结构，能达到的效果是让客户相信你的产品是最好的。

4. 精益求精

追求好上加好、永无止境就是精益求精的思想，要求极高，力争做到极致。借用世间流行语——"没有最好，只有更好"，要永不满足。

演讲中的精益求精，要注意的重点在于：

（1）永远保持一颗进取心

积极向上的心态，既是一种阳光心态，也是作演讲精益求精必备的心态。

演讲中不满足现状，积极进取，坚持不懈地向新的目标追求而蓬勃向上。

由于主观和客观因素，有时听众对演讲有一些负面评价，只要不是重大错误，演讲者也不要气馁，自己总结经验，把下一场演讲做好。这也是另类的"精益求精"，失败是成功之母。

（2）在赞扬声中找不足

如名医裘法祖所说："做人要知足，做事要知不足，做学问要不知足。"当一场演讲取得了成功，听众和主办方都给予高度的赞扬和肯定、很多的鲜花和掌声，这时的演讲者心里肯定是感到高兴的，谁都希望得到他人的表扬，这也说明自己演讲的价值得到了实现。

但是，这时的演讲者一定要清醒，"胜利了，不要忘乎所以"，要静下心来，认真仔细思考自己的演讲还有哪些不足之处，还有哪些需要改进的地方，要把一次次成功的演讲作为下一次更精彩演讲的起点。

（3）像孩子一样继续努力学习

没有不断学习的精神，就不可能有精益求精的好效果。

一般来说，演讲者都是有一定层次的人，受过良好的、系统的高等教育；有不少人是经过专门的关于演讲方面专业训练的；有的人在演讲场上"浸淫"多年，有丰富的演讲经验，甚至有辉煌的演讲业绩。但是，演讲的精彩是没有止境的。而且，时代在前进、在变化，知识在大爆炸，信息在大爆炸，网络知识的大传播，人们获取知识的渠道大发展，听众的学历层次、知识面、要求、笑点等等，都发生了很大的变化，要让自己的演讲真正做到好上加好，要真正做到演讲的精益求精，就必须像孩子的求知欲很旺盛、好奇心很突出一样，去努力扩大知识面，学习新知识，掌握新方法。

四、演讲中的"活"

"问渠那得清如许？为有源头活水来。""活"，总是很好的！

创新是一种"活"，灵活是一种活，动态是一种活，有生命力是一种活。但是在演讲中，"活"的范围更广。

演讲要"活"，就是人们常说的，主要是演讲要"活起来"，把课"讲活"，让听众"活起来"，课堂氛围活跃，互动效果好。演讲中的"活"，主要包括：

1. 灵活

灵活，就是敏捷而不死板，毫不拘泥而善于随机应变。

比如：演讲主题的展开具有多个角度，审视问题多姿多态；演讲的说理能做到化抽象为具体，寓思想于情趣之中，具有感染力。

怎样使演讲"活化"并具有灵活性？最重要的有几个方面：

（1）用多种方式和语言表达同一话题

听众最反感演讲者照本宣科，照着稿子念，那是作报告式的宣读，并不是真正意义上的"演讲"。这就要求演讲者对演讲内容要尽量熟悉，大多数内容能脱稿演讲，演讲者的眼睛要敢于看听众，与听众进行眼神的交流，进行情感的互动，这样就"活"了。

再就是知识面广，演讲者可以信手拈来一些精妙语言、诗词歌赋、生动的故事、精彩的案例，并进行精彩演绎，从而使演讲"活"起来。

（2）善用修辞手法

演讲者的文学素养高，又能把文学中的一些修辞手法运用到演讲中来，特别是打比方、用比喻的手法。

毛主席是打比方的高手，在他的演讲中，把帝国主义比喻成"纸老虎"，把"苍蝇、蚂蚁、蚍蜉"比喻成反华势力；把"零敲牛皮糖"比喻成积小胜为大胜；把共产党比喻成"种子"；把人民比喻成"上帝"；等等。

《毛泽东选集》第一卷，很多文章都是由毛主席的演讲稿整理而成的，这种比喻就有很多。这些比喻和其他一些修辞手法的运用，使毛主席的演讲特别"活"，特别让听众喜欢。

习近平总书记的讲话，也善于用修辞的方法。比如，在演讲到中国经济时，他有这样一段话：

"中国经济是一片大海，而不是一个小池塘。大海有风平浪静之时，也有风狂雨骤之时。没有风狂雨骤，那就不是大海了。狂风骤雨可以掀翻小池塘，但是不能掀翻大海。经历了无数次狂风骤雨，大海依旧在那儿！经历了 5 000 多年的艰难困苦，中国依旧在这儿。面向未来，中国将永远在这儿！"

显然，习近平总书记的大海与小池塘的比喻和对比，生动形象，很是鲜活，也很有说服力。

（3）要有激情

演讲者在演讲中先要自己"活"起来，自己不"活"，怎能让演讲"活"？怎能让课堂"活"？怎能让听众"活"？

演讲者自己的"活"，就是演讲要有激情、有感情，要有力量、有姿势、有动作，甚至有移动的步伐。

激情四射的演讲，怎么样都会"活"起来，都会感染听众，都会打动听众。

当然，运用讲故事的形式、临场的应变、潇洒的手势等等，都能使演讲具有"灵活性"。

2. 生活

演讲要生活化。演讲中的"生活"，主要体现在演讲中视听众不同，所采用的语言也要有所不同，而且要有"生活气息"。

听众的构成可能有学历、知识、职务、行业、职业的差异，对演讲者的理论要求、演讲所用语言的要求也有所不同。

我在演讲中的体会是，既要有"高大上"的理论、文学语言、诗词歌赋，也要通俗化、生活化、接地气，甚至有一定的"烟火味儿"。

特别是要把人们身边的一些人和事、生活中的一些小事，包括演讲者自己的一些生活小事进行叙述、阐述、分析，上升到一定的理论和认识高度，这样，听众觉得离自己很近，就是身边的人和事，对他们来讲，才有亲切感。

这种带有一定生活化的演讲，往往能够拉近演讲者和听众的距离。

3. 活泼

有的演讲者发现（我自己也曾发现），有时演讲现场的氛围不够活泼，比较沉闷。

你的精妙语言，许多听众听了没有直接的反应，甚至面部都没有表情。这种情况出现后，先要从演讲者自身找原因，比如有可能是演讲者的演讲内容理论性太强，或者是针对性不强，或者是演讲的灵活性不够。

有时，当你讲了一些笑话、幽默性的语言和故事时，听众也不怎么笑，也没有反应，没有互动效果。这时，有可能是你演讲的语言表达技巧不到位，当然，有时也有听众的层次和接受能力等原因。

如何使演讲的现场氛围活泼起来？

第一，演讲者事先要了解听众的基本情况，包括文化层次和职业、职务等，从而使演讲更有针对性，这就是备课中的"备听众"。

第二，设计一个轻松有趣的开场白，比如幽默的故事、有一定趣味的小游戏，从而调动演讲气氛。当然，也可以用提问的方式，引起大家的思考和兴趣。

第三，演讲者的演讲内容丰富、生动，充满激情地演讲，表达有起伏跌宕、抑扬顿挫，这样，"活"的效果会比较好。如果演讲平铺直叙，"文似看山不喜平"，就没有轻松活泼

下篇　经验乎　艺术乎

的演讲氛围。

第四，在演讲主题不变的情况下，可以增加一些满足听众求知欲的话题，具有陌生度和神秘感的知识，进行一定程度的释疑解惑；可以增加一些刺激听众好奇心的故事和问题，如名人轶事，也可以是演讲者自己的一些经历；适当地增加一些娱乐性的社会话题；增加一些对听众进行必要的、适当的点赞，或者增加一些欣赏性，甚至"奉承"性的话题，满足听众的"优越感""享受感""获得感"。

4. 鲜活

演讲中，演讲者所运用的语言要鲜活，有时代感。演讲内容可以是中国传统文化中古典的东西，但不宜用难懂的文言文语言，不要用冷僻的一些字眼、语句和故事。

演讲中选取的故事和案例也应该是鲜活的。就算是尽人皆知的故事，也要尽量讲得鲜活一些。

除非讲党史、历史方面的专题，必须回顾，必须用史实，但是绝大多数演讲还是应该与时俱进地讲一些新东西。新，才能活。陈旧的话题、故事、案例，没有了新鲜感，是不能激发听众兴趣的。

演讲者要牢记：实、新、精、活是一体的、相互促进的、相得益彰的！

鲜活才有生机，才有生命力！

第十章 "十大经验"呈演讲

有一位喜欢听演讲的企业老总，听过我近 20 场演讲，大约 10 年前听完我某个专题的演讲后，正色对我讲："教授，我发现您的演讲风格有一些特色。"

我问道："哦，是吗？请道其详。"

于是，这位老总一口气讲了好几个方面的"特色"。我听了后，很吃惊：一方面为他的认真听演讲感叹；另一方面，觉得他也真是一个有心人，善于归纳总结。

我对这位老总讲："谢谢您的鼓励！我自己觉得这些方面的特色还不够明显，风格还没有完全形成，我将把您说的这些作为我演讲的目标，争取形成自己比较鲜明的演讲风格和特色，不辜负您的期望！"

作为一名西部的学者，作为一名重庆这个工业城市的学者，作为一所以工科为主的重庆大学的社会科学教授，我在全国演讲了几千场，也曾与不少演讲名家、大家同台演讲，我何德何能？这就必须形成自己有特色的演讲风格，形成自己演讲的"核心竞争力"，才能在全国的演讲舞台上有一席之地。

经过整理，我把这位老总当年提出的演讲风格特色作为对演讲者的要求呈现给读者：

1. 演讲要正能量

这里的正能量，就是要与马克思主义理论一致，不能离腔走板；与党中央和国家政府的大政方针一致，不能相悖；必须与社会的主流价值观一致，不能违背；与中国的传统文化意识一致，不能相悖。用时下流行的话讲，就是必须讲正能量的东西，要讲鼓励听众积极向上的内容，所有的演讲必须"三观"正，也就是世界观、人生观、价值观必须是正确的，与社会主义核心价值观相符合。

其实，绝大多数听众是愿意接受正能量演讲的。

信仰很重要，没有信仰的人，没有层次，形同行尸走肉。

有人曾经说过，生命本身毫无意义，除非你有了信仰。

我要补充的是，一个人应该有什么样的信仰，一个中国大地上的演讲者，既要传播信仰，还要明确传播什么样的信仰。

信仰是多层次的，演讲中传播的信仰也可以是多层次的。

第一，传播共产主义的信仰，这是最高层次的，也是最正能量的。

第二，传播社会主义的信仰，这是中国大地上的公民必备的信仰。

第三，传播热爱祖国的信仰，这是最基本的信仰要求，是演讲者都必须传播的。

演讲者没有必要每句话都讲"共产主义""社会主义""爱国主义"，但是，应该把这些信仰的道理用生动形象的语言，贯穿到演讲的全过程。"随风潜入夜，润物细无声"，潜移默化地让听众接受正能量的教育，激发听众正能量的潜能，产生正能量的潜意识。

我对我指导的硕士和博士研究生们多次讲过，作为我的弟子，永远都要充满正能量。人的一生，三贫三富不到老，三起三落到终身，可能顺风顺水，也可能逆水行舟，可能春风得意，也可能时有委屈，但是，积极向上的初心不改，负能量于事无补。所以，我告诫我的弟子："永远不要站在政府和社会的对立面；永远都要与党一条心，听党话，跟党走，感党恩！"

演讲内容正能量，自己的一言一行都要正能量，包括演讲之内和演讲之外。自己有了演讲的正能量，才能感染听众产生正能量。

演讲内容正能量，这是我几十年来所作的几千场演讲着力践行的，所以，有不少听众觉得曾教授的演讲很正统，但是，正统的演讲还听得进去，还好听！

大约在 7 年前，四川省某地级市的政法干部到重庆大学培训，我作了"从责任走向优秀"为题的演讲，课间休息时，一位 30 多岁的女干部走到我跟前，对我说："曾教授，谢谢您！"我不解地问："谢我什么？"这位女士又说了："谢谢您在课堂上讲的都是正能量的东西！"我又问："难道还有人敢在课堂上讲负能量的东西吗？"她说："有，当然有！"

是啊，演讲者必须讲正能量的内容，这是最基本的师德，这也是演讲者演讲特色中的特色、风格中的风格、方法中的方法、艺术中的艺术！

2. 演讲要融会贯通

演讲者可以是专家，对某一方面的演讲很深刻、很透彻，这是一种特色和风格，但是，有不少演讲者可能是"杂家"，知识面很广，信息量很大，把许多知识融会贯通起来进行演讲。

融会贯通，不仅是领会别人所表述的语言和思想，还表现在演讲者表达自己的意思和思想上。

毛泽东主席是一位伟大的演讲家，但是严格说来毛主席是一位"大杂家"，他是把各种知识，包括中外古今的知识融会贯通起来演讲的"大家"。毛主席的演讲之所以那么吸引人，很重要的一个原因就是他知识渊博，在演讲中总是能够产生很强的说服力，引人入胜，令人折服。

一般的演讲者如果自身知识面广，知识储备丰富，对完成一次次成功的演讲是很有帮助的。

因为知识面广博，演讲者便可以旁征博引，信手拈来，让听众有一种好奇心和新鲜感，既增强了演讲的新颖性和灵活性，也能够在很大程度上赢得听众的好感。

当然，演讲者将广博的知识用于演讲中，不是有意无意卖弄知识，不是将已有知识信息进行简单的堆砌。演讲中运用的知识与信息要有选择，要简练精练，既有知识的广博性，也要有知识的针对性和质量要求。其中的难点在于把这些广博的知识组织好、编排好、整合好、运用好，与演讲的主题和内容十分贴切，让听众感到舒服、愉悦。

当然，把广博的知识整合起来演讲，不等于说就没有深度。比如，我所作的"责任"方面的演讲，因为我写作出版了三本关于"责任"方面的书籍，所以责任方面的知识相对来说是比较广博的，而且，我还把许多其他方面的知识用于责任方面的演讲，在几百场责任方面的演讲中，是有一定深度和广度的，效果也是比较好的。

而且，我在许多专题的演讲中，还将经济、经营、管理、领导、国学、哲学、历史、文学、中国传统文化、创新、教育、心理学、智商、情商等方面的知识有选择性地引入，整合起来进行演讲。我明显尝到了甜头，形成了一定的演讲风格特色，也得到了听众的广泛认可。

3. 演讲要有哲理性

哲理、哲学方面的道理，是关于宇宙人生的根本原理和智慧，就是一种人生观，对世界、人、事物的智慧性的看法和观点。

大文豪林语堂先生说："一个民族有几个大哲学家没有什么稀奇，但一个民族能以哲理的眼光去观察事物，那就真是非常的事了。"

我在演讲中也多次讲道："做企业做到最后可能是在做哲学——企业哲学、市场哲学、经营哲学、管理哲学、产品哲学、营销哲学、消费哲学等；做人做到最后，也是在做哲学——人生哲学。"

哲学、哲理性的重点是辩证和唯物。

作为一名成功的演讲者，其演讲稿的撰写，在演讲中的阐述和分析，都要用哲理性的眼光、视角和方法。这也是一位演讲者应具备的基本素养和能力。

比如，在作"中国宏观经济形势分析"的演讲时，我既要将当前宏观经济形势中的严峻挑战和重大困难讲清楚，又要将我们取得的成就和面临的重大机遇分析透彻，引导听众既感到经济下行的压力，又看到中国经济发展的韧性，让他们看到中国经济未来的希望，引导听众对中国宏观经济"看整体、看长远、看趋势"，这就是用辩证法和哲理性演讲中国宏观经济。

演讲的哲理性风格特色，还体现在其他方面，比如，我在演讲中喜欢引用一些古代和现代的小故事，这些故事一开始听起来可能只觉得好听、好玩、好笑，有意思、有趣，但是，讲到最后，我对故事和引申意义进行点题说明，让大家觉得就是这个理儿，有豁然开朗的感觉，产生一种"顿悟"。

所以，有不少听众在听了我的演讲后不止一次地问过我："教授，您是不是哲学专业毕业的？""您今天的课好像不完全是讲经营管理，好像是在讲管理哲学、经营哲学一样！"

其实，这些听众也说得不错。大学四年，前两年就系统地学过哲学课程，它让我具有了哲学思维、辩证思维，并用到演讲和写作中去。而且，无论作什么样的专题演讲，就是作理工类专题的演讲，具有辩证思维、哲理性分析也是很有必要的，能使演讲达到很好的效果。

在我 2019 年出版的一本书《静心悟道：100 个故事的启迪》和 2021 年 3 月出版的一本书《国学智慧：讲好传统文化故事》中，都分别有 100 个富有哲理性的故事，这些故事我自己很喜欢，也经常在演讲进行引用。

演讲者以哲理性的演讲取胜，其实是演讲者在用智慧取胜！

哲学，就是使人聪明的学问。

4. 演讲要有文学性

严格说来，一场成功的演讲，是给听众一种语言美、听觉美、视觉美、精神美、灵魂美的享受。这么多的"美"，都要由演讲者奉献给听众。怎样奉献？重要的方法之一，就是演讲者的语言要优美，体态要优美，给听众始终以美的感觉、感受。

而演讲具有浓郁的文学性，使演讲具有美感，特别是语言美的重点之一。

语言美的重点在于"文采"。许多大演讲家的演讲都很有文采，甚至是文采飞扬，从而使他们的演讲不枯燥，有品位，有趣味，使他们的演讲更加精彩。

毛主席是运用文学于演讲中、演讲特别有文采的典范。

习近平总书记也是运用金句妙语、排比句、经典于演讲中的典范。

许多领导作报告，也很有文学范儿，所以被人称作"儒雅型领导"。

我在演讲中，也喜欢用一些文学性的东西。我自幼喜欢文学。我因为生长在一个较为偏僻的乡镇，家里经济条件不太好，父母基本上是文盲，所以，读文学书籍不多，年少时读了《三国演义》《西游记》《水浒传》，大学三年级才开始读《红楼梦》，世界名著读得很少，所以，我的文学功底不好。

但是，我工作了一段时间后，特别是在重庆大学从事教学工作、在社会上的演讲场次越来越多以后，我开始运用文学的东西于演讲中，尝到甜头以后，就加大了读一些非专业书籍的力度，并且有意识地收集一些具有文采的警句格言、金句妙语，并且分别于 2016 年和 2021 年出版了两本共有400 多句经典语句的书籍，一本是《让生活爱我》，另一本是《灵魂深处：生活所感·读书所得》，它们让我的演讲也有一定的文学色彩。而且我在演讲中也有意识地运用一些诗词，朗诵、背诵一些诗词和优美的散文，有一些还是我自己写作的诗词和散文，从而使演讲取得不错的效果。

5. 演讲要运用国学知识

这些年国学风靡全国，各种国学书籍出版，各种国学培训班应运而生。中央电视台有诗词大赛、成语大赛，还有很多关于国学、中国传统文化的节目。在全国，有关国学、传统文化方面的演讲也很多。

就是我这个学经济专业的人，也讲起了国学、传统文化方面的专题，而且效果不错，比如曾子文化、国学经典、国学智慧、曾国藩的系列专题、孝道文化、传统文化中的处世哲学、"我理解的易经"、努力提升中国传统文化素养、努力提升国学素养等等。我还出版了三本国学、传统文化方面的书籍，出版了三套国学、传统文化方面的演讲光盘，都比较畅销。

不仅是作国学、传统文化方面的专题演讲，就是作文科性质的诸多专题的演讲，包括经营管理、领导力、教育方面的演讲，我也应该加入了国学、传统文化方面的知识元素。

中国优秀的传统文化非常重要，是中华的根、民族的魂。北宋的张载说了，中华传统文化"为天地立心，为生民立命，为往圣继绝学，为万世开太平"。

习近平总书记在讲我们为什么有"文化自信"的底气时提到了"文化自信"的三大底气来源：第一，中华优秀传统文化；第二，红色的革命文化；第三，社会主义先进文化。

习近平总书记强调：坚持把马克思主义基本原理同中国具体实际相结合；坚持把马克思主义基本原理同中华优秀传统文化相结合。

习近平总书记讲的这"两个结合"，是我们党不断推进马克思主义中国化时代化的内在要求和宝贵经验，也是演讲者运用马克思主义和中华优秀传统文化进行演讲的根本指导思想。

实践证明，一个没有文化的军队是愚蠢的军队，而愚蠢的军队是不能战胜敌人的。同理，一个没有文化、没有传统文化的民族，是没有根基、没有灵魂、没有层次，总是飘着的，不可持久地立于世界强国之林，得不到世界其他民族的尊敬。

毛主席是中国传统文化的大师。毛主席演讲和说话的语言魅力，除了他的思想性和哲理性，很大程度上还源于他深厚的古文化功底。毛主席不仅继承了我国优秀的传统文化，而且推陈出新、古为今用，表现出化平凡为神奇的语言才能。他的演讲和讲话，善于从古代历史、文学中吸取大量的成语、俗语、熟语和格言警句，并加以提炼和改造，赋予这些传统文化以时代的内涵，妙趣横生。

习近平总书记的传统文化底蕴很深，他每次在正式场合的讲话，都运用了一些古典的警句妙语，言简意赅，生动形象。

现代演讲者都应该向毛主席学习，向习近平总书记学习，不仅是专门的国学、中国传统文化方面的演讲，就是在非国学、非传统文化的演讲中，也要尽可能地运用和引入国学、中国传统文化的知识和用语，让自己的演讲熠熠生辉。

6. 演讲中应该有故事

有人说，"小学讲故事，中学讲道理，大学讲理论"，针对成人的演讲，怎么也要讲故事呢？

其实不然，小学、中学、大学、成人的教育和演讲，都应该讲一些故事。

演讲者在演讲中必须讲一些故事。

"讲好中国故事"，是这些年来习近平总书记在很多重要场合反复讲的一个重要命题，引发了世界的广泛关注。党的十九大报告中就有这样的原话："讲好中国故事。"

2015 年，我出版了《我的故事我的心》一书，2019 年、2021 年、2023 年，我也出版了三本中国传统文化的故事书。

在我的若干场演讲中，几乎每一场演讲，我都会讲一些故事。有时候是以故事作为开场白，引起大家的思考，或者引出我要演讲的主要内容，更多的是在演讲中穿插一些故事，用故事的形式结尾，也是有的。

有人说，演讲中讲故事，永远强于只是空泛地讲大道理。

演讲中讲故事，生动形象，富有哲理，能引起听众的兴趣，会产生更多的听点，具有演讲的灵活性，让听众具有新鲜感，在不知不觉地听演讲中学到知识、受到启发。

小故事，可能有大道理。

特别是给中小学生及一些学历层次不高的人作演讲，更要运用这种方法。就是面对一些成年人、有一定文化素养的人作演讲，只要故事精选好了，演讲效果也是很好的。

毛主席在1945年党的七大致闭幕词时就引用了《愚公移山》的神话故事。这个故事很多人都听过，但是，毛主席把它惟妙惟肖地讲出来，特别是结尾部分把中国人民比喻为"上帝"，这样的故事就很有深度，很有启发性，效果特别好。

演讲中要讲一些故事，这是演讲界的一个共识，关键是怎样让演讲中所讲的故事效果更好。

我在作"文化自信"方面的演讲时，讲到要"讲好中国故事"时，讲了五个方面的要求：第一，为什么要讲好中国故事；第二，什么人去讲好中国故事；第三，为谁去讲好中国故事；第四，讲什么样的中国故事；第五，怎样讲好中国故事。

关于"怎样讲好中国故事"，党的二十大报告提出：要展现可信、可爱、可敬的中国。一是民族的，它就是世界的，但必须是民族主流的东西；二是传统的，既继承又发扬，但必须是优秀的；三是必须是老百姓喜闻乐见的，可通俗，但不庸俗、不媚俗、不恶俗；四是融入现代的科技成果，要有时代感。

在演讲中讲故事，要注意到：

第一，要精选故事。故事必须是正能量的；故事不能太长；故事必须有趣味性，能引起听众的兴趣和思考；故事要切题，切合本演讲的主题，不要为讲故事而讲故事。

第二，故事四要素：时间、地点、人物、情节。

第三，有身临其境的感觉，也就是让自己进入故事情节，最好是让听众进入故事情节里，这样的效果更好。

第四，绘声绘色地讲故事。同样一个故事，不同的人讲起出来，效果会大不一样。讲故事时，要运用语音语调、面部表情、眼神、肢体等综合能力。

第五，与听众进行必要的互动，包括语言互动、眼神交流、感情情感的"共情"，让听众与演讲者产生故事的共鸣。

第六，故事讲完后，还可以进行一定的互动，但是，演讲者最好要进行一定的总结，可以用提问的方式阐述故事的主题，也可以由演讲者表述故事的寓意，还可以让听众谈一谈听了故事的体会。

7. 演讲必须幽默风趣。

人人都需要幽默，大多数人都喜欢幽默风趣的人。幽默能促进领导力、管理力的提升，能促进营销业绩的提升，能促进家庭和社会的和谐，促进人际关系的融洽，使沟通能够顺畅成功。甚至有人说，幽默风趣的男士最能获得女士的好感，幽默是生活的必需品。

一个幽默的人，身心才真正健康；一个幽默的民族，未来才有希望。

我在演讲中多次引用了这样的话：没有幽默感的人是一尊雕像；没有幽默感的语言是一篇公文；没有幽默感的家庭是一间旅店；没有幽默感的城市如同一个监牢；没有幽默感的民族没有任何希望可言。没有幽默感的生活沉闷灰暗，也就没有了友爱，没有了希望。同样，没有幽默感的演讲，味同嚼蜡，难以让人持续地听下去。

幽默是演讲的必备品。

演讲大师几乎都运用了幽默风趣的技巧！

美国林肯总统的演讲特别幽默风趣。

文学家雨果的演讲很幽默，常常令听众忍俊不禁。

大文豪林语堂不但写文章幽默，而且他的演讲也十分幽默，经常令人捧腹大笑。

大教育家陶行知善于演讲，他的语言幽默风趣、生动形象，谁听了他的演讲都会被他深深吸引。

曾仕强的演讲、翟鸿燊的演讲、刘吉的演讲，都是很幽默的，效果也非常好。

毛主席的演讲特别幽默风趣，经常让听众"笑""大笑"。

陈毅同志在全国话剧、歌剧、儿童剧创作座谈会上的讲话，竟引起听众60多次大笑。

我一直认为，听人家演讲，是一种享受，但也可能是一件很累的事，这主要看演讲者怎样讲。如果演讲者幽默风趣，能拉近演讲者与听众的距离；幽默风趣的演讲者，不会让演讲现场沉闷，能极大地活跃演讲气氛，振奋听众的精神，增强演讲的感染力，可以防止听众的疲劳综合征，也容易受到观众的喜欢。这样的演讲，听众不但不累，还是一种美好的享受。

培训专家汪晓彤女士曾经谈到关于成人培训的重点要求：

第一，有说服力。

第二，内容充实。

第三，激动人心。

第四，风趣幽默。

第五，印象深刻。

汪晓彤女士认为这五个方面都很重要，但是，她按重要性的排序是倒过来的，即第一是印象深刻，因为毕竟是对成人的演讲，第二是风趣幽默，只有这样，正统的演讲才能让人坐得住，并且饶有兴趣地听进去。

幽默风趣能够化解演讲中遇到的突发尴尬局面。当年英国前首相威尔逊在竞选时，突然有个故意捣乱者高声打断他的演讲："狗屎，垃圾！"把他的话贬得一钱不值。

威尔逊怎么做？只见他面对狂呼着的捣乱者，报以微微一笑，然后平静地说："这位先生，我马上就要谈到你提出的脏乱差问题了。"那个捣乱者先是一愣，不知所措，一下子被弄得哑口无言了，而威尔逊却从窘境中解脱了出来。

作为一名演讲者，作为一名优秀的演讲者，怎样让自己幽默起来？

我曾经在重庆大学出版社出版过两本幽默风趣方面的书籍，在北京大学音像出版社出版过一套幽默沟通方面的演讲光盘，结合自己的演讲经验和平时一些幽默的体验，我认为有以下几个重点：

第一，处好关系，传递幽默。幽默产生良好效果的前提，是拥有良好的人际关系。人际关系不好，就算是很幽默的语言，听者不仅不觉得好笑风趣，反而很反感。

第二，调整心态，拥抱幽默。心态决定状态！"千锤百炼幽默心，千方百计幽默情。"特别是要修炼自己的阳光心态，最根本的是健康快乐的心态。懂得苦中作乐；懂得寻找快乐；能够维持快乐；能够给别人快乐，严格说来，演讲就是给别人快乐的活儿；还要学会经营快乐。

第三，面带微笑，展现幽默。脸上带着微笑，这是演讲者的"标配"。世上多一分微笑，人间少一分争吵；脸上多一分微笑，心头少一分烦恼；家庭多一分微笑，生活多一分美妙；夫妻多一分微笑，恩爱多一分情调；服务多一分微笑，财源多一分渠道；老总多一分微笑，员工多一分绩效；演讲者多一份微笑，是让听众的幸福之道。微笑，无穷的给予；微笑，处世的法宝；微笑，演讲的成功之道。

第四，知识广博，信手拈来。知识面广的人，会很好地运用广博的知识进行幽默的谈吐，幽默的语言和故事、段子能够信手拈来，会很好地理解他人的幽默，会提升幽默的档次，使幽默更有哲理性、趣味性。知识要有深度和广度，才可能有幽默的水平和程度。演讲者平时要注意收集一些幽默的段子、妙语，建立演讲者的幽默知识库。

第五，自我培养，修养幽默。幽默感不是天生的，大多数还是后天自我培养和修炼而来的。演讲者在演讲中，要善于营造幽默风趣的环境，自我培养提升幽默风趣的元素，还要培养他人的幽默感，比如激发听众的幽默感。

第六，经常运用，熟能生巧。幽默风趣，不仅是在正式的演讲中运用，就是在演讲者平时的言谈举止中、在与亲朋好友交流中，也可以运用一些幽默的语言和故事，养成一种善于幽默的习惯。由于平时的运用，演讲时幽默风趣就自然而然地运用出来了。演讲时，演讲者一开始可以用"自嘲"的方式展现幽默风趣，这样就不会伤害别人，且效果较好。

8. 演讲者充满激情

充满激情是演讲的一项重要功能，通过演讲者的激情演讲，调动听众的情绪，使听众跟着演讲者一起进入演讲的情境，甚至进入高潮、进入忘我境界，从而会达到因演讲者喜而喜、悲而悲、乐而乐、怒而怒的"共情"效果。

当听众也跟着演讲者在听演讲的过程"来了情绪""动了感情"时，这场演讲就成功了一大半。

内容再好的演讲，演讲者在演讲时没有激情，死气沉沉，无精打采，就不能感染听众，这种演讲有什么好的效果可言？

演讲者在演讲时的激情，是一种强烈的、爆发性的、为时短暂的情绪状态。演讲有了激情，它形成了一种强烈的、热烈的氛围，让听众身临其境，激动了听众的心灵，从而使演讲者的语言具有很强的感染力、震撼力，也就有了很强的说服力，也会让听众对演讲内容印象深刻。

演讲专家汪晓彤女士把演讲者让听众"激动人心"排在了演讲成功的五大重点的第三位，也就是排在印象深刻、幽默风趣之后，这是有一定道理的。

我作的若干场演讲，在听众的一些赞扬语言中，就有"曾教授的演讲富有激情"的话语。

演讲者怎样让自己的演讲充满激情？

第一，演讲内容真实，有若干听点，让听众兴趣盎然，内容本身就能打动听众。

第二，演讲者自身是感情比较丰富的人，有发自内心肺腑的情感，如常人所说，是一个"性情中人"，是一个"有情怀的人"。试想，自己没有情怀情感，怎能产生演讲的激情？怎能让听众"与情共舞"？

第三，演讲者具有自信心，这是激情演讲的基础。相信自己的演讲能打动听众，相信自己的演讲能够取得成功。

第四，用激情四射的肢体语言感染听众。比如眼神、手势、面部表情，必要时适度夸张的演讲动作。

第五，演讲时的声音，这方面特别重要。音量、语速、语调、重音等，最好练习一下胸腔发声和气息发音，让演讲的声音更有磁性。

第六，演讲内容尽量熟悉，最好是相当部分的脱稿演讲。虽然不提倡背诵演讲稿，但是，一定不能照本宣科。

有一位全国演讲大师陈先生，"成功学"讲得特别好，他的经验之一，演讲前在演讲会场外面跑上几圈，把全身的血液和细胞调动起来，能够使自己在演讲时"热乎"起来、"活"起来，这可能就是演讲激情的一种"预热"吧！

9.演讲者必须态度端正

我曾经对我指导过的硕士、博士和博士后弟子们多次讲过"态度决定一切"的道理。

我于 1978 年 10 月进入大学读本科，到 2024 年，已经有 46 年了。近半个世纪以来，几乎没有一个人问过我，你在大学里读了多少门功课，哪门功课的成绩如何？确实没有！更多的是看我工作的现实表现，看我的责任心，看我的工作态度，看我的工作业绩。

不是说大学里的学业成绩不重要，那是打基础的事。

就是在大学里的读书学习，也有一个学习态度问题。

参加工作了，有工作态度；日常生活还有生活态度；一个人，还有人生态度；一个演讲者，还有对待演讲的态度、对待听众的态度。

作过若干场"执行力"方面的演讲，我就经常讲，态度决定执行的高度、宽度、长度、程度、速度、力度、效度，甚至态度决定了执行的一切！

我有几十年的演讲经验，作过几千场次演讲，我的深切体会是，演讲者对待演讲的态度特别重要。我经常自我调侃："我的演讲水平并不算高，演讲能力并不算强，演讲效果并不是很好，但是，我演讲的态度是端正的！"

我的体会是：

第一，备课认真，演讲稿撰写仔细，尽量追求完美。哪怕是讲过很多遍的专题，也尽量补充一些新内容；在演讲前也要再仔细看一下讲稿。

第二，尽量熟悉演讲内容，甚至多次自己讲给自己听，特别是一些新专题。

第三，尽量站着演讲。在我所作的几千场次演讲中，绝大多数是站着演讲的。除我做过五次大中手术后、身体尚未恢复的短暂时间里是坐着演讲外，就是上下午连续演讲几个全天，我也是"能站则站尽量站"。

站着演讲有什么好处？

一是尊重听众，敬畏听众。

二是肢体语言能更好地展现自己。

三是眼神能够与听众交流。

四是可以观察听众现场的表现，随时可以根据不同情况实施"组织教学"。

五是能产生演讲的气场和激情，更有感染力。

六是"站着说话腰不疼"，这虽然是一种调侃，但也是有一定道理的："站"，本身就是锻炼身体的一种方式。

当然，站着演讲，也体现了演讲者的演讲是"态度端正"的，体现了演讲者是尊重听众、敬畏演讲、敬畏听众的，也可以看出演讲者珍惜演讲的每一次机会，也就是我在前面讲到的："把每一次演讲当作是第一次，把每一次演讲当作是最后一次。"

10. 演讲要接地气

"地气"一词，最早出现在《礼记·月令》中："天气下降，地气上腾。"意为大地的力量、大地的气息，喻为顺乎人理，顺其自然。

"接地气"一词，近几年在领导者讲话中用得比较多，也有一些书面语言出现。

其实，"接地气"是一个民间俗语，原意是广泛接触老百姓的普通生活，与最广大的人民群众打成一片，反映普通民众的愿望、诉求和利益，用大众的生活习惯、语言等，而不是脱离群众的实际需求和真实愿望，浮于表面。"接地气"要求踏踏实实，深入人心，遵循自然规律，不盲目行事。

"接地气"主要是用来形容一些政商高层比较亲善大众，和劳动人民打成一片。也有人把"接地气"用在一些文学文艺作品和对演艺界的要求上，如"贴近生活""贴近大众"。

无可讳言，演讲者的演讲，特别一些听众文化层次比较高的演讲、一些演讲题目本身就有一些"高大上"的演讲，必须理论性强一些，有一定的高度、深度和广度，有哲理性，有文学性，有历史性，有思考性。但是，相当多的演讲应该用大众语言，尽量通俗易懂。就是一些故事、一些案例，也要选择一般的、大多数听众能够接受，能够理解，能够"听得懂"的。

比如，一些经济学大家，在给一般的听众讲宏观经济、经济发展时，过多地运用数量模型，先就把听众给"听晕了""搞懵了"，哪里还能听得下去？有几个人听得懂？因为大多数听众并非经济学专业人士！

而这时的演讲者还洋洋自得，自诩为"听不懂就好了，说明我讲得有深度"。

其实不然！这是典型的"不接地气"的演讲。

听过一些大演讲家的演讲，娓娓道来，亲和力强，一点没有架子，那种演讲的"教态"本身就让听众看起来舒服，样子就"接地气",他们的演讲语言也尽量从听众的角度去考虑,效果是很好的。

听过厉以宁教授的演讲,他的演讲风格很儒雅。他演讲经济管理,除了必要的经济理论、经济数据,还一会儿一首唐诗宋词、一会儿一些金句妙语、一会儿一段幽默的语句,既"高大上",又很"接地气",那真正展现了大师的演讲风范,他的演讲也特别受欢迎!

演讲者要使自己的演讲"接地气",必须牢记:

第一,一切从听众的实际出发,让听众"听得懂""愿意听""有启发"(也就是有收获)。

第二,语言通俗易懂,选择听众喜闻乐见的形式。

第三,可以运用古典和传统文化演讲,但是,内容和语言一定要有时代感,从而更容易与听众在情感上贴近。

第四,演讲语言要适合听众的特点。听众是千差万别的,不能用同一种演讲语言对准不同的听众。

第五,针对性强。演讲内容要针对听众的工作、生活和学习的实际,针对他们期望获得的知识和信息。

一位作马克思主义理论和实践方面演讲的专家打了个比方:演讲就像为听众做一顿美食,如果让食客能够享用到美味佳肴,厨师们就要尊重食客,敬畏食客,还要把自己当作一位普通食客。"己所不欲,勿施于人。"所以,用料要讲究,用上乘的食材,精心烹调,细心制作,这样的饭菜才是美味可口的。

本书写作主题是"演讲"，其实，它就是一篇演讲稿，就是一场演讲，读者也就是听众。书即将写完了，演讲即将结束了。

演讲者为听众奉献的一桌精神大餐，怎样让听众入耳、入脑、入心、入魂，拨动听众的心弦，让听众产生获得享受的效果，让演讲者同样产生获得享受的效果，这是一件很容易的事，但也是一件很难的事，没有固定的模式，但却有规律可循，有实践可做，更是要在演讲的实践中悉心总结探索的。

世上无难事，只要肯登攀！

演讲之道，演讲之道路，演讲之道理，"道可道，非常道"，是一条艰难的道，是一条光荣的道。

演讲之道，知易，行难，"变现"更难！难，还得要去做，还要作好！

天下没有不散的筵席，天下没有写不完的文章。天下没有爬不上的高山，天下没有不结束的演讲。

我这本《演讲之道》的书，实际上就是一篇关于演讲方面的演讲稿，读者也是我的听众。书和演讲稿的结束语是"一一一三"：一个问题；一个答案；一个故事；三句我喜欢的话。

（1）一个问题

关于演讲之道，上面谈了很多，我认为，要成为一名优秀的演讲者，让自己的演讲获得成功，打动听众的第一要素是什么？固然有很多方面的要素，正所谓"成功是诸多因素的具备，失败是一个环节的失误"，但是，第一要素是什么？没有标准答案，一千个人眼中有一千个哈姆雷特。

（2）一个答案

我认为的答案是两个字："真诚。"

真诚，最能获得听众的信任，每一个人，特别是一位演讲者，最大的聪明是真诚，最大的精明是真诚，最大的情商是真诚，最重要的演讲艺术是真诚。

真诚，是敲开听众内心的砖。

真诚，是与听众交心最重要的态度。

（3）一个故事

1928 年，沈从文被破格聘为某所国内顶级大学的讲师，那时他才 26 岁，仅有小学文凭。

沈从文第一次走上讲台时，除原班的学生外，慕名来听课的人很多。

教室里座无虚席，沈从文紧张得几乎连一句话都说不出来。过了一会儿，他才平静下来，开始上课。

可是，原先准备好要讲授一个课时的内容，沈从文却在 10 分钟内就讲完了。学生们感到纳闷：这时，离下课时间还早着呢，剩下的时间他该怎么办？

这时，只见沈从文不慌不忙地拿起粉笔在黑板上工工整整地写了一句话："今天是我第一次上课，人很多，我害怕了。"

学生们看了沈从文在黑板上写的这句话，先是沉默了短暂的一会儿，接着就是一阵善意的欢笑和掌声。

显然，学生们被沈从文的真诚打动了。

（4）三句我喜欢的话

第一句，莎士比亚说了：老老实实，最能打动人心。

第二句，电影《触不可及》中的一句台词：其实很多时候，你并不需要做什么，真诚即可。

第三句，关于演讲，关于演讲之道，关于演讲者走在演讲的路上，可以借鉴诗人汪国真的诗句：既然选择了远方，便只顾风雨兼程。